극우 유튜브에서 아들을 구출해 왔다

권정민

극우 유튜브에서
아들을 구출해 왔다

책머리에

내 아들을 '극우 유튜브' 세계에서 구출해 왔다

나는 비판이론을 기반으로 연구하는 교육학자다. 비판이론은 한마디로 권력을 비판적으로 분석하는 이론이다. 학문의 세계에서는 쿨하고 멋진 이론이지만 극우들에게는 '빨갱이 이론', 극렬 기독교도들에게는 '사탄의 이론'으로 알려져 있다. 물론 나는 빨갱이도 아니고, 더군다나 모태 신앙을 지닌 독실한 기독교인이다. 비판이론은 미국에서 유학하는 동안 배웠다. 내가 연구하는 '기술의 민주화'도 '사이비 치료 연구'도 모두 비판이론에 근거한 것들이다. 이와 같은 언급을 하는 이유는 내가 소위 말하는 '진보적인' 교육학자라는 배경을 설명하기 위해서다.

이런 내가 아들을 깨어 있는, 진보적인, 인권 감수성이 높은 남자로 키우기 위해 얼마나 열정적으로 교육했겠나. 어릴 때부터 종종 두세시간씩 토론하고, 해외 여러 나라로 여행을 다니며 다양한 사회와 문화를 보여주고, 시사 문제를 함께 논했다. 예술과 창의성을 중요하게 생각해 클래식 음악, 발레, 뮤지컬, 국악, 미술관과 박물관을 섭렵했다. 아이가 유튜브를 하겠다고 해서 기술적 지원도 해주었다. 숙제로 진행한 설문조사의 결과가 정확하지 않은 것 같다고 할 때에는 편향되지 않은 설문지 만드는 방법을 가르쳐주기도 했다. 역사적 사건과 종교적 신념에 대해 이야기를 나누고, 심지어 자연의 신비로움과 소중함을 깨닫게 하기 위해 바다로 산으로 협곡으로 사막으로, 가보지 않은 곳이 없을 정도다. 학교 공부만 빼고 다 지원했다. 학교 공부는 스스로 알아서 하도록 가르쳤다. 이보다 더 아이들 교육을 잘 시킬 수는 없다고 생각했다. 그리고 우리 아들은 내가 바라던 대로 훌륭하게 잘 자라고 있었다.

하지만 나도 모르는 사이, 정말 순식간에 아들은 극우 유튜브에 빠지게 되었다. 중학교 2학년이 되었을 무렵, 어느날 아들은 이런 말들을 하기 시작했다.

"여자는 왜 군대 안 가? 여자도 똑같이 가야지."

"우리 사회는 남자를 너무 차별하는 것 같아."

"남자가 왜 자기를 'she'로 불러 달라고 해? 나는 남자는 무조건 'he'라고 부를 거야."

"여성가족부는 폐지해야 해."

단어 몇개, 문장 몇마디만 들어도 그 사람의 철학과 세계관이 유추되기 마련이다. 나는 직감적으로 내가 가르치지 않은 가치관에 대해 아이가 이야기하고 있음을 알았다.

"그런 생각은 어떻게 하게 됐어?"

"유튜브에 엄청 똑똑하고 멋있는 사람이 나오는데, 그 사람이 그랬어."

조던 피터슨(Jordan B. Peterson)이었다. 그 외에도 몇몇 극우 유튜버들이 있었다. 그 후, 아들을 극우 유튜버들이 심어놓은 사상에서 빼내 오는 데 수개월이 걸렸다. 생각보다 극우 사상은 접착력이 강했다. 잘 떨어지지 않았다.

아이를 빼내는 방법은 끊임없는 토론밖에 없었다. 여성가족부 폐지가 왜 남자인 너에게도 손해인지. 왜 사람을 부를 때 그 사람이 원하는 방식대로 불러줘야 하는지. 극단주의를 알아보는 방법, 가짜뉴스를 가려내는 방법, 차별금지법 등등. 수개월 동안 온 정성을 다해 아이와 열심히 토론했다. 극우 유튜버들이 아이 머리에 심어놓은 생각이 어떻게 왜 잘못된 것인지를 스스로 깨닫게 하기 위해서는 그들의 논리 어디에 허점이 있는지 찾아내야 했다. 한번으로는 부족했고 여러번 반복해 토론해야 했다.

교육학 전공 연구자인 나에게도 아이를 극우적 생각에서 꺼내 오는 것이 이렇게나 오래 걸리는 일이었는데, 대부분의 부모는 자기 아이가 이런 사상에 빠졌다는 것도 눈치채지 못할 것이다. 설령 안다 하더라도 빼내 올 방법을 모를 것이다. 10년 넘게 아이들의 가치관 교육에 힘써왔음에도 불구하고 우리 아이는 거의 한달 만에 극우로 넘어갔으니, 이런 교육을 받지 않은 남자아이라면 단숨에 세뇌될 것이다. 그리고 다시 이야기하지만, 극우적 생각은 잘 떨어지지 않는다.

유럽에서는 학생들이 유튜브를 보다가 프로파간다에 넘어가서 극단주의 테러리스트 조직에 입단한다는 뉴스가 종종 들려온다. 다행히도 우리나라에서는 IS 같은 테러 집단에 가입하는 학생이 거의 없지만, 또 다른 '극단주의 집단'이라 볼 만한 극우 보수 유튜버들에게 세뇌당하는 일은 일상이 되어버린 듯하다.

내가 이 글을 쓰는 이유는 현재 고등학생인 우리 아들 주변의 거의 모든 남자아이들이 '윤석열을 지지하며 신남성연대를 추종한다'고 말하기 때문이다. 그 고등학생 아이들이 공산주의에 대해 무엇을 얼마나 안다고 '빨갱이 빨갱이' 하는지 모르겠지만 우리 아들더러 빨갱이라고 한단다. 그 아이들 부모의 정치 성향을 그대로 배우는 경우도 있지만, 내 경험에 비추어 보면 이 아이들은 부모의 신념과 관계없이 극우 유튜브를 보며 빠져들었을 가능성이 무척 높다. 실제로 그 아이들은 하나같이 극우 유튜버들을 신봉하고 있다고 한다. 자기 친구들이 좋아한다는 극우 유튜버의 영상 몇개를 아들이 나에게 보여주었는데, 단 5분도 보고 있기가 힘들었다. 말도 안 되는 괴로운 주장을 아들의 친구들은 "이 사람 너무 똑똑하지 않나?" 하면서 본단다.

2025년 1월 19일, 서울서부지방법원에서 폭동이 발생했다. 폭도들은 법원을 습격한 뒤 점거해 청사 건물과 시설을 파괴했고 경찰과 민간인, 기자를 상대로 폭력을 휘둘렀다. 이번 폭동과 같은 일들이 다시는 일어나지 않아야 한다. 나는 그런 세상을 내 아이들에게 물려주고 싶지 않다. 이미 늦은 감이 있다. 하지만 지금이라도 우리는 무엇인가를 해야 한다. 우리 아이들을 극단주의와 파시즘으로부터 보호해야 한다. 그러한 범죄를 저지르는 사람이 되지 않게 지금 당장 우리의 아이들을 점검해보고, 아이들이 유튜브에서 무엇을 보는지 이야기하자. 아이들을

건전하고 상식적이고 민주적인 시민이 되도록 이끌어주어야 한다. 이것은 지금 우리의 책임이다.•

• 이 책의 기획의도에 대한 독자분들의 이해를 돕고자, 서울서부지방법원 폭동이 발생한 다음 날인 2025년 1월 20일 제가 페이스북에 게시했던 글을 옮겨 실었습니다.

책머리에 005

극우 유튜브에서
아들을 구출해 왔다 013

흑과 백, 그리고 '회색지대'

교육의 목표는 행복한 삶이어야 한다

극단주의에 빠져들게 되는 과정

어느날 아들에게 받은 질문들

극단주의에 빠져 있는 아이와 토론하는 법

부모에게 정돈된 답이 없음을 두려워하지 말자

그럼에도 물러설 수 없는 가치가 있다

토론은 민주주의 라이프스타일

일상에서 대화와 토론의 재료를 발견하기

새로운 시대의 시민을 길러내기 위하여

마치며

묻고 답하기 089
기억하고 싶은 문장 113

극우 유튜브에서
아들을 구출해 왔다

흑과 백,
그리고 '회색지대'

안녕하세요, 서울교육대학교 권정민 교수입니다. 제가 얼마 전에 '내 아들을 구출해 왔다'라는 내용의 글을 썼는데 이 글이 널리 읽혔어요. 부모님들께서 특히 공감을 많이 해주셨지요. 예전의 저처럼 힘들어하시는 부모님들이 적지 않으시더라고요. 많은 분들께서 제게 질문을 보내주시거나 어떻게 해야 할지 모르겠다고 고민을 토로하셨어요. "우리 애는 아직 어린데, 이런 일이 일어나지 않게 하려면 지금부터 무엇을 해야 할까요?"와 같은 예방성 질문들도 많이 받았습니다. 그래서 그에 대한 제 나름의 이야기를 들려드리고자 합니다.

제가 지금부터 제안하는 것들이 정해진 정답은 아닙니다. 저는 교육학 교수이지만, 청소년 상담 전문가나 정치심리학 전문가는 아닙니다. 다만 저는 부모로서 제 아이들과 자주 대화를 나누는 편이고, 아이들이 어떤 생각을 하고 있는지에 대해서도 관심이 많습니다. 또한 아이들이 겪는 문제를 제가 지금껏 공부해온 교육학 지식을 이용해서 해결할 때가 많고요. 그런데 사실 아이들마다 타고난 기질이 다르고 부모와 상호작용하는 방식이 다르고 주변의 환경도 다릅니다. 따라서 접근 방식도 조금씩 다를 수 있습니다. 이런 점을 생각하면서 이 글을 참고해주시면 좋겠습니다.

아이들과 세상의 문제에 관해 대화하기 전에 앞서 준비해야 할 것은 무엇일까요? 부모님 자신이 먼저 선과 악, 진리와 거짓에 대한 생각을 정리할 필요가 있습니다. 여러분은 세상에 절대적인 선과 악, 진리와 거짓이 있다고 믿으시나요? 있다고 믿는 사람도 있고, 없다고 믿는 사람도 있습니다. 저는 부모로서 그리고 교육학을 가르치는 사람으로서 절대적인 선과 악, 진리와 거짓이 있다고 믿습니다. 하지만 동시에 비판이론을 연구하는 학자로서 절대적인 것은 없다고 믿기도 합니다. 이것이 저에게는 늘 갈등이었습니다. 제 페이스북 글을 읽고 지적하신 몇몇 학자분들도 어떻게 비판이론을 공부한 사람이 절대선과 절대악이 있다고 믿느냐고 합니다. 철학적으로는 세상에 절대적인 것은 없다고 생각할 수도 있습니다.

그러나 세상에 절대적인 선과 악, 진리와 거짓이 존재하지 않는다면, 학교의 존재 이유가 사라지고 우리가 자녀를 교육해야 할 이유가 사라집니다. 절대적인 것은 아무것도 없다고 믿으면 세상은 혼란스러워진다는 것을 우리는 압니다. 사람을 때려놓고 맥락과 상황상 그럴 수밖에 없었다고 변명할 수도 있고, 특정 집단을 혐오하면서 '이것이 나에게는 선이고 진리다'라고 주장할 수도 있습니다. 최근에는 우리나라 최상위의 법인 헌법마저 자신에게 유리하게 멋대로 해석하고 적용하려 드는 경우를 숱하게 목격할 수 있었지요. 그렇기에 저는 아직 가치관이 정립되어가고 있는 자녀와 학생을 가르칠 때는 '선과 악은 있다'는 철학을 기반으로 교육합니다.

자, 여기 백색과 흑색이 있습니다. 이를 선과 악 혹은 진리와 거짓의 영역이라고 가정해봅시다. 그런데 우리 모두 알다시피 이 세상의 모든 사안을 이렇게 칼로 그은 듯 흑백논리로 정리할 수는 없습니다. 우리 삶의 많은 문제 중에는 답이 없는 것들이 많으니까요.

저는 이 흑과 백 사이에 너른 회색지대가 있다고 생각합니다. 세상은 복잡하고, 시대나 맥락에 따라서 옳다고 말할 수 있는 내용도 조금씩 달라지기 때문입니다. 이 회색지대를 좁게 잡는 사람들은, 이 세상에는 답을 알 수 없는 모호한 문제가 적고 분명한 사안이 많다고 여기는 것이겠지요.

그런데 이 회색지대에 놓인 사안들이야말로 아이들이 살면서 겪게 되는 수많은 현실의 문제입니다. 교과서에 나오지 않는, 하지만 그때그때 맞닥뜨려야만 하는, 스스로 판단하면서 살아나가야 하는 영역에 속하는 것들입니다. 이 사안들 전부를 부모나 교사가 평생 따라다니면서 틀렸어, 맞았어, 하며 정해 줄 수는 없습니다. 이 회색지대에 놓여 있는 이슈에 대해서는 아이들이 스스로 생각하는 능력을 키워나가는 것이 필요합니다. 저는 이러한 비판적 사고력 훈련이 우리 교육이 추구해야 하는 중요한 목표라고 생각합니다. 지금부터 이 비판적 사고력을 키워가는 방법에 대해 이야기해보겠습니다.

**교육의 목표는
행복한 삶이어야 한다**

20세기 미국의 교육학자 벤저민 블룸(Benjamin Bloom)이 고안한 교육목표분류법이라는 개념이 있습니다. 학습 활동에서의 목표를 정리해놓은 것이지요.

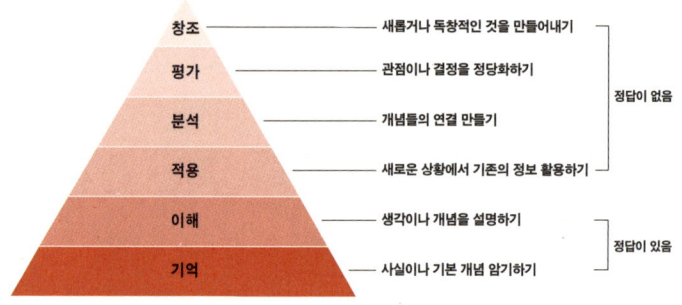

블룸의 교육목표분류법

블룸의 교육목표분류법은 '기억-이해-적용-분석-평가-

창조'라는 총 여섯 종류의 교육 목표로 이루어져 있습니다. 이 가운데 '기억'과 '이해'에는 정답이 있습니다. 역사 과목에서 임진왜란이 일어난 연도를 맞히고(기억), 과학 과목에서 식물의 광합성이 어떻게 일어나는지 원리를 아는 것(이해)을 떠올려보시면 됩니다.

그러나 상위 네가지, 즉 적용-분석-평가-창조는 정해진 답이 없는 영역입니다. 블룸의 분류법 중 가장 상위에 있는 '창조'를 예로 들어볼까요? 혁신적인 청소기로 고객들의 많은 사랑을 받는 브랜드 다이슨의 창업자 제임스 다이슨(James Dyson)은 지금의 청소기 모형을 만들기까지 5,126번의 실패를 거듭했다고 합니다. 그리고 5,127번째 만든 시제품이 성공을 거둔 것이었지요. 그렇다면 그가 겪은 수천번의 실패들을 과연 '오답'이었다고 할 수 있을까요? 그렇지 않습니다. 창조에 이르기 위해서는 당연히 실패를 거쳐야 하는 것이고, 수많은 실패를 통해 결국에는 이전에 없던 혁신적인 무언가를 만들어내는 것이니까요.

비판적 사고도 마찬가지입니다. 비판적 사고는 교육목표 분류법 중 '평가'에 해당합니다. 무언가를 보고 그것이 도덕적으로 올바른지, 이성적으로 논리적인지, 이 방법이 최선인지 등을 스스로 헤아려볼 수 있는 능력인 것이지요. 비판적 사고는 무엇을 창조해내기 위해 반드시 수반되어야 하는 과정이기도 합니다. 제임스 다이슨이 기존 청소기의 결점을 발견하고 이를 어떻게 개선할지 고민하여 창의적 시도를 해볼 수 있었던 것처럼요. 창의적이고 비판적인 사고, 여기에는 '정답이 없는 것'이 특징입니다.

그러나 오늘날 우리나라의 교육은 어떤가요? 정답 맞히기에만 혈안이 되어 있습니다. 대학수학능력시험이 학생의 비판적 사고력을 본다고는 하지만, 사실 정답이 정해져버리는 순간 그 시험은 정답 맞히기 게임에 불과하게 됩니다. 비판적 사고력은 정해진 정답을 맞히기 위해 머리를 싸매는 것이 아니라, 문제 그 자체에 대해 의문을 가질 수 있는 능력입니다. AI 시대는 곧 질문이 중요한 시대라고 하지요. '질문'할 줄 아는 힘의 원천이 바로 비판적 사고인 것입니다. 기술이 빠르게 발달하고 인간의 능력마저 능가하는 이 시대에 비판적 사고는 더욱 중요한 역량으로 각광받고 있습니다.

다시 아까 전의 흑과 백, 그리고 회색지대의 그림을 떠올려봅시다. 이 그림에서 비판적 사고력은 회색지대에 해당됩니다. 부모가 정답을 다 정해준다면, 즉 흑과 백의 영역이 넓어진다면 회색의 영역은 좁아집니다. 비판적·창의적 사고를 아이 스스로 훈련할 기회가 그만큼 적어진다는 뜻이지요.

반대로 회색의 영역을 넓히면 아이에게 스스로 판단할 수 있는 자율성을 많이 제공하는 것이 됩니다. 저는 이 회색지대를 비교적 넓게 잡는 편입니다. 정답이 없는 영역에 대해 본인이 판단할 수 있도록 자율성을 주고 토론을 통해 스스로 생각하는 훈련을 시킵니다. 제 교육 철학의 가장 기본이기도 하지요. 비단 제 아이 교육뿐 아니라 대학 강의도 같은 기조로 진행합니다. 강의는 조금만 하고, 나머지 시간은 토론을 통해 학생들이 스스로 문제점을 파악하고 해결책을 찾아낸 뒤 각자가 무엇을 할 수 있는지 고민하는 시간을 갖게 합니다.

하지만 여기서 기억해야 할 점이 있습니다. 회색지대의 존재만큼이나 흑과 백의 영역도 중요하다는 사실입니다. 저는 회색지대를 넓게 잡는 대신 결코 양보할 수 없는, 즉 절대 해서는 안 되는 행동의 기준도 명확하게 세워둡니다. 이를테면 혐오, 폭력, 배제, 살인, 절도, 방화 같은 것이지요. 2025년 1월 서울서부지방법원 폭동 사건도 폭도들이 폭력을 회색지대의 영역으로 해석한 예라 할 수 있습니다. 절대 해서는 안 되는 극단적 폭력 행위였지만, 극우 세력은 이를 '경우에 따라 필요한 것'으로 판단한 것입니다. 그렇기에 비판적 사고력을 훈련시키는 것과 함께, 명백히 흑의 영역에 속하는 행위는 어떠한 경우에도 해서는 안 되는 일이라는 것을 동시에 가르쳐야 합니다.

물론 이 기준은 부모님마다 조금씩 다를 수밖에 없습니다. 회색 영역을 더 넓게 잡는 분도 있을 것이고, 흑과 백의 영역을 보다 중시하는 분도 있을 거예요. 중요한 것은 부모님 자신이 우선 이 기준에 대해 생각해보아야 한다는 것입니다. 무엇이 선하고 악한 것이며 왜 그런 것인지, 그리고 그 사이의 수많은 행위와 사건들에 관해서 어떻게 생각하고 어떤 판단을 내리면서 살아야 하는지 부모님이 먼저 깊이 고민하고 성찰하는 과정을 통해 가치관을 정립해야 합니다. 그 후에야 아이들과의 깊은 대화와 소통이 가능해집니다.

우리는 왜 이런 고민을 해야 할까요? 흑과 백, 회색지대, 교육의 목표, 나의 가치관, 아이들과의 소통, 극단주의에 빠지지 않는 아이로 기르기. 그 목적은 오직 하나, 부모로서 아이들이 행복하게 살기를 바라는 것입니다. 우리는 아이들이 정치적으로 진보 혹은 보수를 지향하게 하기 위해 교육하는 것이 아닙니다. 타인을 향한 폭력과 혐오에 빠져 불행한 삶을 살지 않도록, 세상에 대한 어긋난 불만과 그로 인한 고통을 굳이 직접 겪어보지 않아도 깨달을 수 있도록, 행복한 결과를 가져오는 현명한 선택과 판단을 스스로 내릴 수 있도록 하는 것이 부모가 진정 바라는 모습입니다. 그래서 우리 아이들에게 좋은 교육이 필요한 것이지요. 교과서와 문제집을 달달 외우고 시험에서 아무리 좋은 점수를 받는다 해도, 남을 혐오하고 무시하며 산다면 그 삶은 결국 불행으로 이어집니다. 우리는 자녀들에게 정치적 좌우를 정해주고자 하는 것이 아닙니다. 우리 아이들에게 행복하게 사는 지혜를 가르쳐주고 싶은 것입니다. 사랑하니까요. 이것이 제가 이 책에서 하려는 이야기입니다.

극단주의에
빠져들게 되는 과정

비판적 사고력을 기르는 방법을 논하기에 앞서, 아이들은 어떤 경로로 극단주의를 접하고 그에 빠져들게 되는 것일까요? 사실 학교생활 하느라 바쁘고 투표할 수 있는 권리도 아직 부여받지 못한 이 아이들이 정치에 관심을 갖고 자신의 의견을 형성해나가고 있을 것이라고 부모님들은 쉽게 상상하지 못합니다. 그러다가 어느날 극단주의에 빠져 있는 아이를 발견하고는 충격을 받습니다.

친구들과 게임이나 하고 웃긴 유튜브 쇼츠 정도 같이 보는 것이 아이들의 일상이라고 생각하신다면, 사실 맞습니다. 하지만 바로 그 유튜브와 게임 커뮤니티가 아이들이 혐오적인 표현과 편향적인 주장을 접하는 주된 경로가 되어버렸습니다. 아이들은 평소 즐기는 게임이나 유튜브 채널을 통해 혐오와 편견, 차별이 서린 견해를 자연스럽게 받아들이게 되곤 합니다. 게임 커뮤니티에서 이용자들이 전 대통령에 대한 비하와 욕설 표현을 사용한다든지, 근육질의 유튜버가 몸 자랑을 하면서 '남자는 자고로 이래야 한다. 여성은 저래야 한다'라는 식의 성적 편견을 조장하는 경우는 너무 쉽게 목격할 수 있습니다.

이러한 표현들은 아이들 사이에서 '멋지고 재미있는 문화'의 일부로 받아들여지곤 합니다. 온라인상에서 인기 있는 유튜버나 인플루언서가 사용하는 자극적인 표현과 농담이 '쿨하고 재미 있는 것'으로 인식되면서 이를 자연스럽게 따라 하게 되지요. 특히 또래 집단 내에서 이를 공유하고 함께 웃는 과정을 통해 사회적 인정과 소속감을 얻게 되면서 아이들은 무비판적으로 콘텐츠를 수용하게 됩니다. 이렇게 일상적으로 반복 노출되는 편견과 혐오 표현이 아이들의 사고와 가치관에 점진적으로 스며들게 됩니다.

아이들은 유튜브를 통해 정치적인 정보를 바로 접하기도 합니다. 한국청소년정책연구원이 2021년 발표한 보고서 「청소년 정치참여 실태와 활성화방안 연구」에 따르면 학생들은 정치 관련 정보를 얻는 경로로 유튜브(중학생 54.7퍼센트, 고등학생 53.2퍼센트)를 가장 많이 꼽았습니다. 유튜브로 정치를 배우고 있는 학생이 절반 이상으로, 포털뉴스를 통해 접한다고 답한

학생들(중학생 38.9퍼센트, 고등학생 49.5퍼센트)보다도 많았지요.

문제는 유튜브가 알고리즘을 통해 정치 편향적인 콘텐츠를 적극적으로 노출한다는 점입니다. 이화여대 윤호영 커뮤니케이션·미디어학부 교수팀의 연구에 따르면, 유튜브는 정치와 관련이 없는 키워드를 검색한 '정치 무관심' 사용자에게도 정치적 내용을 담은 영상을 적극적으로 추천한다고 합니다. 주요 언론사들의 콘텐츠보다는 상대적으로 객관성과 공정성이 떨어지는 유사 언론 정치 채널을 추천한 빈도가 크게 높았고요. 연구는 이러한 추천 경향이 유튜브와 유사 언론 채널 제작자가 수익 극대화라는 같은 목표를 지향하기 때문이라고 분석합니다. 유사 언론 채널이 자극적인 썸네일 화면을 내건 편향적 정치 콘텐츠를 대량으로 생산하고, 유튜브가 시청자의 체류 시간이 비교적 긴 유사 언론의 정치 영상을 빈번히 노출하면서 서로 공생 관계를 이루는 것이지요.•

수익 극대화를 위해 정치 진영 간 대립을 부추기는 극단적 콘텐츠에 노출되면서 아이들은 사실에 근거하지 않은 가짜뉴스나 타인에 대한 비방과 혐오 표현을 습득하게 됩니다. 직접 정치 관련 키워드를 검색하지 않아도 유튜브 생태계상 편향적

• 중앙일보 「20년, 한국선 '극단튜브' 됐다」, 2025년 4월 23일.

인 콘텐츠에 노출되기 쉽고, 한번 노출된 이상 해당 알고리즘에 따른 확증 편향이 가속되면서 점점 더 협소한 시각에 갇히게 되는 것이지요.

유튜브로 접하게 된 극단적 콘텐츠는 친구들과의 단체 메신저방을 통해 빠르게 확대 재생산됩니다. 하루는 제 아이의 단체 메신저방을 보게 된 적이 있습니다. 여성과 성소수자에 대해 혐오하는 유튜브 쇼츠를 줄기차게 올리는 한두명의 아이들이 있더군요. 가끔씩 계엄을 찬성하는 내용의 콘텐츠를 공유하기도 해요. 안타까운 점은 단체 메신저방에서 이런 콘텐츠에 동조하는 의견은 쉽게 낼 수 있지만, 이에 반대하거나 이의를 제기하는 말은 좀체 꺼내기 어려운 분위기라는 것입니다.

아이들 사이의 이러한 현상은 크게 '쿨(Cool)의 문화'와 '권력 욕구'라는 두가지 축으로 나눠 설명할 수 있습니다. '쿨'하고 멋져 보이는 문화적 행동을 수행함으로써 집단 안에서 권력을 지닌 강자로 인정받고자 하는 마음이 기저에서 작동하는 것이지요. '쿨'은 사실 자연스럽게 생겨난 것이 아니라 철저히 상업적으로 만들어진 개념입니다. 1990년대 미국 마케팅 업계는 새로운 소비자로 떠오른 청소년들에게 상품을 팔기 위해 이들이 무엇을 매력적이라고 생각하는지 조사한 뒤, 이를 다시 상품화하여 소비하도록 유도하는 전략을 사용했습니다. 10대 사이에서 요즘 무엇이 쿨하게 여겨지는지 발굴해 기업에 보고하는 '쿨헌터(Coolhunter)'라는 직업이 있을 정도였지요. 즉, 쿨은 본래 청소년들의 반항적이고 도전적인 정서를 자극해 돈을 벌고자 기획된 문화적 상품이었습니다.

인공적이고 상업적인 쿨의 개념은 오늘날 극우 유튜버들이 혐오 표현과 극단적 콘텐츠를 전달하는 방식에도 그대로 적용됩니다. 이들은 혐오와 차별이 담긴 언행을 마치 금기를 깨는 용감한 행동, 즉 쿨한 행위인 것으로 포장하여 청소년들에게 배송합니다. 소셜미디어와 유튜브의 알고리즘이 이러한 극단적이고 자극적인 콘텐츠를 더 자주 노출시키면서 아이들은 자신도 모르게 혐오 표현을 '멋지고, 재미있고, 당당한 것'으로 여기며 내면화하고, 결국 이를 '정상'적인 문화의 일부로 받아들이게 되는 것입니다.

이는 곧 권력과 지배의 문제로 연결됩니다. 최근 어느 남학생의 충격적인 발언을 들은 적이 있습니다. "계엄은 낭만이고, 담을 넘는 것은 구질구질한 짓이다." 처음 들었을 때는 놀랐지만, 곰곰이 생각해보니 어쩌면 남자아이들이 권력과 약자를 바라보는 관점을 압축적으로 보여주는 표현이라는 생각이

들었습니다. 계엄 선포라는 권력 행위는 일순간 굉장히 '매력적으로' 느껴질 수 있습니다. 권력을 휘두르는 모습은 쿨하고 멋있고 강자답게 보이기 때문입니다. 반면 담을 넘어가는 행동은 아이들에게 직관적으로 약자가 하는 행위로 인식됩니다. 당당한 강자는 대문으로 들어가지, 몰래 담을 넘지 않는다는 일차원적인 논리에 따른 바이지요. 맥락 이해도가 높은 어른의 시각에서 담을 넘는 행동은 영웅적이었지만, 즉각적인 이미지에 민감하게 반응하는 아이들은 정반대로 생각한 것입니다.

그런데 이런 말과 생각을 하는 아이들이 정말 악(惡)한 아이들일까요? 이 아이들의 생활을 들여다보면 지극히 평범한 삶을 살고 있습니다. 실제로 누군가를 대놓고 미워하지도, 나쁜 짓을 할 계획을 세우고 있지도 않습니다. 오히려 공부도 잘하고 학교에서 말썽 부린 적도 없는 모범적인 학생인 경우가 꽤 많지요.

하지만 이 아이들이 모여서 나누는 대화 속에서는 권력을 향한 무의식적인 충동과 남성성을 과시하려는 욕구가 엿보입니다. 실제로 많은 청소년기 남자아이들은 자신의 남성성을 강조하는 행동을 보이곤 합니다. 열심히 몸을 키워 정성스럽게 만든 자신의 등 근육과 복근 사진을 단체 메신저방에 올리며 주변 친구들의 인정을 받고자 합니다. 운동을 하고 몸을 키우는 것 자체는 전혀 문제가 아닙니다. 다만 이들이 모이는 단체 메신저방이나 유튜브 채널, 온라인 커뮤니티에서 남성성 과시와 함께 특정 약자 집단에 대한 혐오 표현이 동반하여 나타난다는 점이 문제입니다. 남성계 커뮤니티를 조금만 찾아보아도 여성, 장애인, 성소수자 등을 억압하고 타자화하는 발언들이 빈번히 등장합니다. 운동 배우려고 유튜브를 보다가 자연스럽게 혐오적인 내용에 반복적으로 노출되는 일이 생기는 것이지요. 이러한 문화를 '정상화'한 남자아이들은 결국 혐오와 차별 발언을 쉽게 내뱉게 됩니다.

교육학적 관점에서 또 한가지 중요한 문제는, 이런 혐오적이고 억압적인 발언이 나왔을 때 주변 친구들이 이를 적극적으로 제지하지 못한다는 점입니다. 특정 학생이 남성성을 과시하고 '강자'로 자신을 포장하면, 이를 반대하거나 제지하는 순간 자신이 '약자'로 취급될 수 있기 때문입니다. 즉, 남성성과 권력을 강조하는 친구 앞에서는 혐오 표현에 동의하지 않더라도 침묵하게 됩니다.

실제로 많은 학생들은 혐오 표현이 잘못되었다는 것을 알고 있습니다. 학교와 교과서에서 숱하게 배웠으니까요. 하지만 친구들과의 관계가 망가질까봐, 분위기가 어색해질까봐 이를 적극적으로 제지하지 못합니다. 강자의 모습에 부합하지 않는 행동을 하는 것은 쿨하지 못한, 즉 약자로서의 정체성을 자인하는 것으로 여기는 문화가 형성되었기 때문입니다. 예를 들어 장애를 가진 친구에게 인사하는 간단한 행동도 청소년들의 집단 문화 사이에서는 기존 질서를 깨는 행위로 취급받을 수 있어 괜히 주저하게 됩니다. 성소수자에 대한 혐오 표현 역시 마찬가지입니다. 성소수자를 옹호하는 발언을 하면 즉시 '너 게이냐'라는 말을 듣게 됩니다. 이러한 분위기 속에서 결국 혐오적이고 억압적인 발언들만 남게 되고, 아이들은 이것이 사회적으로 용인된다고 생각하며 점차 내면화하게 됩니다.

편견과 혐오를 체득한 아이들이 졸업할 때까지 이러한 가치관을 유지한 채로 성인기에 접어들면 어떻게 될까요? 일단 성인이 되고 나면, 그 사람의 생각을 바꾸는 일은 차원이 다르게 어려워집니다. 성인이 되기 전에 아이들과 많은 대화를 해두는 것이 중요한 이유입니다.

어느날
아들에게 받은 질문들

아이들이 혐오와 편견을 동반한 극단주의적인 사상에 물들기 시작할 때, 어떤 말과 생각을 내비칠까요? 저와 저희 아이가 겪어온 일화를 말씀드려보겠습니다.

여자는 왜 군대 안 가? 여가부가 왜 필요해?

제 아들이 어느날 갑자기 이런 질문을 했습니다.

"여자는 왜 군대 안 가?"

물론 청소년 남학생이라면 누구든지 궁금해할 만한 주제입니다. 다만 실제 입대하기까지 아직 몇년이나 남은 녀석이, 그것도 주어를 자기 자신이 아닌 '여자'로 삼은 질문을 하다니 좀 의아하더라고요. 하지만 얼마든지 궁금해할 수 있는 것이니 대수롭게 여기지는 않았습니다. "그러게? 왜 안 갈까? 이런 이유 때문이 아닐까?" 하며 아이와 이야기 나누고 아이의 생각도 들어보며 대화의 시간을 가진 후 지나갔습니다.

그런데 며칠 뒤 아이는 다른 질문을 하기 시작했습니다.

"여가부(여성가족부)는 폐지해야 돼. 여가부가 왜 존재해야 하는데?"

이번에는 당혹스러웠습니다. 사실 중학생 아들이 불현듯 여성가족부라는 국가행정조직의 존재 의의에 대해 논한다는 것이 저희 집에서는 분명 자연스러운 일은 아니었습니다. 평소 정부 부처의 필요성과 당위성에 대해 관심 갖고 이야기 나누는 가족이 얼마나 될까요. '아이가 무언가를 보았고, 그곳에서 나오는 발언을 그대로 따라 하고 있구나'라는 직감이 관통하는 동시에 이러한 발언의 뿌리에 있는 생각이 무엇인지 알기 때문에 속으로 절망감을 느꼈습니다. 교육학자로서 그동안 나름 '양질의' 교육법과 양육책으로 아이를 키워오고 있다고 생각했는데, 그럼에도 아들이 이런 생각을 품게 될 수 있구나 하는 경각심이 그제서야 들었습니다.

내심 당황하면서도, 겉으로는 우선 덤덤한 척 "그래, 그거 참 좋은 질문이네. 우리 한번 같이 알아볼까?" 하며 아이와의 토론의 기회로 삼았습니다. 우선 여성가족부의 이름에 관해 이야기를 나누었습니다. '여성가족부'라는 이름에는 '여성'만이 아니라 '가족'도 들어가 있습니다. 이 '가족'에는 청소년 당사자인 '너 자신'도 포함되어 있음을 아이에게 상기시키며, 여성가족부가 여성만이 아닌 '가족'을 위한 부처이기도 하므로 결국 우리 사회 모든 이를 위해 일하는 부처로 보아야 한다고 설명했습니다.

그다음, 주고받은 이야기가 실제로 맞는지 확인하기 위해 함께 여성가족부 홈페이지에 접속해서 어떤 일들을 하는지 찾아보았습니다. 여성가족부 산하 22개 과 중에서 18개 과가 청소년·가족 지원과 성범죄·인권침해 예방을 위한 부서였고, 여성 관련 정책에 집중하는 과는 4개뿐이었습니다. 그마저도 인력개발·경력단절 등 여성의 경제활동을 지원하기 위한 부서였습니다. 이렇게 아이와 함께 여성가족부가 하는 일을 살펴본 뒤, 차근히 설명을 이어갔습니다.

"여성가족부는 가족과 청소년, 사회적 약자를 위한 정책도 수행하는 곳이니 결과적으로 너에게도 도움이 된다고 생각해. 여성들을 위한 업무도 경제활동에 관한 것이란다. 엄마가 혼자 너희를 키우고 있는데 직장을 구할 수 없다고 가정해보자. 그러면 너희까지 얼마나 고통을 받겠니? 엄마가 돈을 벌 수 있게 지원하는 정책을 만드는 곳이 바로 여기야. 그러니까 여성가족부의 존재로 혜택을 보는 이들은 여성뿐만이 아니라 그 여성의 가족들도 포함된단다. 그렇게 보면 결국 모든 국민이 직간접적으로 혜택을 받게 되는 것이 아닐까?"

여성가족부 문제는 이렇게 이야기를 나누고 넘어갔습니다. 하지만 그 이후에도 아이의 질문은 소재를 바꾸어가며 계속되었습니다.

왜 성소수자를 그들이 원하는 호칭으로 불러줘야 해?

여성을 대상으로 삼았던 질문은 곧이어 성소수자를 향하게 되었습니다. "자신이 여성 호칭으로 불리기를 원하는 남성이 있을 때, 내가 그 사람을 남성 호칭으로 부르면 경찰에 잡혀가? 이건 너무 불공평하잖아!"라며 마구 화를 내는 것이었지요.

캐나다에서는 인권법 및 형법 개정 법률(Bill C-16)에 따라 2017년부터 성 정체성과 성별 표현을 인권법상의 보호 대상으로 추가했습니다. 서구권의 당시 대표적 보수 논객으로 꼽히던 조던 피터슨은 '트랜스젠더를 그가 원하는 호칭으로 부르지 않으면 처벌받게 된다'며 이 법안을 강하게 힐난했지요. 하지만 실제 법의 취지는 개인의 성 정체성이나 성별 표현에 기반한 증오 발언(hate speech)을 금지한다는 것이지, 특정한 호칭 사용 자체를 강제하여 즉각 처벌한다는 내용은 아니었습니다. 피터슨의 주장은 논란이 되었던 해석인데, 아이가 유튜브에서 조던 피터슨의 영상을 보고 그대로 흡수해 제게 질문한 것이었습니다.

이번에는 아이의 말을 좀더 들어보기로 했습니다.

"길을 걷다 남자처럼 보이는 사람에게 'he'라고 지칭했는데, 갑자기 경찰이 나타나서 '저 사람은 she라고 불러야 하는데 he라고 불렀으니 너를 체포한다'라고 하면 어떡해?"

당연히 아이의 걱정대로 될 리는 없을 일이었지요. 성소수자가 원하지 않는 호칭을 의도적으로 사용하여 상대방의 정체성을 무시하는 행동을 반복적으로 할 때 이를 차별적인 행위로 규정하고 벌하는 것이지, 국가가 너의 실수만 기다리고 있다가 무작위로 처벌하는 것은 결코 아니라고 설명해주었습니다.

이처럼 아이들은 자신이 이해할 수 있는 수준에서 새로운 정보나 콘텐츠를 이해합니다. 그래서 대화가 중요한 것이지요. 특히 아이가 어떤 생각을 하고 있고, 왜 그렇게 생각하게 되었는지를 '일단 들어보는 것'이 필요합니다. 가만 듣다보면 아이의 말 어느 곳에 모순이나 논리의 결여, 부정확한 사실관계가 있는지 발견할 수 있습니다.

극단주의적인 콘텐츠에 동화되어가는 아이들에게서는 흔히 약자에 대한 타자화의 징후를 목격할 수 있습니다. '여성'을 떠올릴 때 주변의 가족이나 친구들이 아닌, 자신과는 멀리 동떨어진 추상적인 존재로 상정하고는 하지요. 어떤 사회 부조리의 원인으로 여성을 탓하며 적대시하는 모습도 보이고요. 성소수자에 대해서도 만나고 대화해본 적은 없지만 다짜고짜 '일단 싫다'는 태도로 일관합니다. 다른 인격체에 대한 타자화는 곧 자아 정체화와 맞닿습니다. 특히 남자아이들의 경우, '남성스럽고' '물리적으로 강하고' '권력을 지닌' 모습을 동경하게 되기 쉽습니다. 단체 메신저방에서 자신의 근육 사진을 올리며 남성성을 과시하고 서로 칭송하는 대화, 여성·성소수자·장애인에 대한 혐오 표현, 이번 계엄 사태에 대한 낭만화도 그 기저에는 '남자답게' '권력을 휘두르는' 이미지를 향한 동경이 작용했으리라 짐작해봅니다.

다시 이야기하지만, 저는 이 아이들이 전부 '나쁘고 악한' 아이들이라고 생각하지 않습니다. 한명 한명 이야기해보면 평소에는 참 착하고, 공부도 열심히 하고, 교우관계도 원만하고, 가정생활에도 큰 문제 없어 보이는 아이들이 대부분입니다. 아직 어리고 순수한 면이 있습니다. 세상에 대해 아직 잘 모르기도 하고요. 그래서일까요, 저항 없이 차별과 편견의 콘텐츠들을 흡수하는 듯도 보입니다.

그래서 우리는 아이들에게 계속 물어야 합니다. "너의 생각은 무엇이니?"라고요. 스스로 생각하는 힘을 길러주어야 합니다. AI와 로봇의 확산에 따라 세상은 더 혼란스럽고 더 빠르게 변할 것입니다. 그와 함께 윤리의 기준 또한 계속해서 바뀔 것입니다. 극단주의 리더를 숭배하는 이들이 다시 등장할 수도 있고, AI를 절대적 진리이자 빛으로 여기는 이들도 나타날 것입니다. 이런 시대에 아이들에게 필요한 건 '이 콘텐츠가 맞다'라고 정해주는 정답도, '이 답은 틀렸다'라고 평가하는 단죄도 아닙니다. 자신이 보고 듣고 경험하는 것에 대해 스스로 비판적으로 생각해서 옳고 그름을 판단할 줄 아는 '생각하는 힘'입니다. 무언가를 무분별하게 수용하기에 앞서 옳은지 그른지, 좋은지 나쁜지 직접 고민하고 분별해보며 그에 관해 대화하는 시간을 제공해주어야 하는 것이지요.

극단주의에 빠져 있는 아이와 토론하는 법

극단주의적 사상을 지지하는 사람들은 그들 나름의 논리로 격렬히 주장합니다. 폭력적 언행과 사고를 거침없이 쏟아내기도 하고요. 극단주의적 생각에 물들어버린 우리 아이와는 어떻게 대화해야 할까요? 아직 판단력이 미숙한 어린이와 청소년이 혐오와 배제, 폭력의 언어를 입 밖으로 낼 때 우리는 화를 내야 할까요, 들어주어야 할까요? 많은 부모님들이 이런 상황에서 당황하거나 자녀와 싸우거나 홀로 애태우십니다.

아이들을 설득하는 것과 성인을 설득하는 것은 조금 다른 문제입니다. 아직 성년이 되지 않은 아이들에게는 교육적으로 접근할 수 있습니다. 생각이 말랑말랑하고, 새로운 것을 잘 받아들이고, 정체성이 만들어지고 있는 시기이기 때문에 변화의 가능성이 높습니다. 우선 기억하셔야 할 점은 아이들과의 토론은 상대방이 어른일 때와는 달라야 한다는 것입니다. 어른들과 토론할 때는 냉철하고 치열하게, 논리적으로 철저히 밀어붙이기도 합니다. 하지만 아이들과의 토론에서 그런 방식은 적절하지 않습니다. 아이들은 정체성이 아직 성숙하지 않았기 때문에 자기 자신에 대한 비난과 논의 중인 사안에 대한 비판을 쉽게 분리하지 못합니다. 그러한 화법과 접근이 아이들에게는 상처로 남을 수 있고, 부모님이 원하는 효과를 얻기도 어렵습니다.

우리가 아이와 세상사에 대한 판단을 나누고 토론을 하는 이유는, 궁극적으로 아이가 행복한 삶을 살기를 바라서입니다. 혐오와 배제, 폭력, 힘으로 남을 누르려고 하는 생각들은 불행으로 가는 길이라는 사실을 인생의 선배인 우리는 압니다. 부모로서 다음 세대의 주인인 이 아이들이 타인과 잘 어울려서 행복하게, 무탈하게 살았으면 하는 소망을 지니고 있습니다.

이를 위해서는 관용과 절제가 필요합니다. 우리는 아이들을 사랑하기 때문에 설득하고 싶은 것이고, 따라서 치열한 논쟁이 아니라 사랑과 신뢰가 기반이 된 평화로운 대화를 해야 합니다. 어른 혼자서 막 떠드는 강설이 아닌, 상대방인 아이의 이야기도 들어보고 그 관점에서도 이해해보려는 노력이 필요하다는 뜻입니다.

1. 일단 들어보기

아이와 효과적인 토론을 하기 위한 네단계가 있습니다. 첫째, 일단 들어보는 겁니다. 한참 동안 충분히 말할 수 있도록 끊지 않고요. 예를 들어, 며칠 전에 제 아들이 이렇게 말했습니다.

"엄마, 내 친구가 오늘 이런 얘기를 했어. '작곡가들 중에 여자가 적어. 거의 다 남자야. 역시 여자가 남자보다 더 열등한 것 같지 않냐?'라고."

"아, 그래?" 첫번째 단계, 당황스럽더라도 일단 들어보기. 아들이 이야기를 이어갑니다. "근데 나도 곰곰이 생각해보니까 정말로 여자 작곡가가 없더라고. 모차르트 베토벤 라벨… 여자가 열등해서 그런 거야? 이게 생물학적인 이유 때문이야, 아니면 사회적인 이유 때문이야?"

아이들이 한 질문 자체에 대해서 화부터 내서는 안 됩니다. 강한 어조도 좋지 않습니다. "아니, 여자가 남자보다 열등하다니, 너 어떻게 그런 생각을 할 수 있어?" 하고 다그쳐서는 안 됩니다. 아이들이 그런 질문을 할 때 제 나름의 이유가 있기는 있거든요. 그에 대해 처음부터 논박하지 않고 우선 귀 기울여 들어보는 게 중요합니다.

아이가 충분히 자기 의사를 표현해본 적이 없는 채로는

'좋은 의사소통'을 만들어가기 어렵습니다. 좋은 의사소통은 평등한 관계에서야 비로소 일어날 수 있습니다. 그러려면 서로의 이야기를 성의 있게 들어야 합니다. 자칫 아이는 말을 별로 하지 못하고 부모님만 말을 쏟아대는 경우가 발생하는데, 이것은 토론도 대화도 아닙니다. 아이의 말을 일단 들어보아야만 오해를 최소화하고 생산적인 대화를 나눌 수 있습니다. 자녀들이 어떤 생각을 하는지 궁금해하고 관심을 보여주고 이야기를 들어주는 것 자체가 사랑의 표현이자 신뢰의 관계를 만들어가는 초석입니다.

앞서 말했듯이 아이들과 하는 토론은 어른들과 하는 것처럼 냉철한 논리 싸움이 아닙니다. 공감과 사랑에 기반을 둔, 서로의 생각을 이해하기 위한 대화입니다. 아직 세상을 잘 모르는 아이들에게 세상에 대해서 더 알려줄 수 있는 기회라는 마음으로 대화를 전개하는 게 좋습니다.

2. 상대의 관점을 이해하고 공감해주기

아이가 왜 그렇게 생각했는지 충분히 듣는 것을 우선해야 하는 두번째 이유는 아이의 관점을 이해하기 위해서입니다. 상대를 이해하려면 어떤 사고를 하고 있는지 판단해야 하니까요.

앞의 사례에서는 여성 작곡가들의 이름이 드러나지 못하는 것에 관한 문제였습니다. 어른들이야 열거할 이름들을 좀더 알수도 있고 여성 예술가가 알려지지 않을 수밖에 없었던 이유를 추론할 수도 있겠지만, 아이들이 생각하기에는 '어, 진짜로 내가 아는 여자 작곡가가 없네?'라는 얕은 지식에 기대어 단순 판단을 내린 것에 불과합니다.

이에 대해 '그렇구나, 맞아, 그렇게 생각할 수도 있겠네' 하고 이해해줄 수 있는 대목을 열심히 찾아내어 공감해주어야 합니다. 왜 그렇게 생각했는지 궁금해하고 가만 들어주세요. 우리는 아이를 사랑하기에 아이를 이해하고 싶어합니다. 이해할 수 있는 부분들은 충분히 찾아내서 이해해주어야 합니다. 또 하나 중요한 것은, 공감을 말로 표현해주세요. "그래, 네 관점에서 보면 그럴 수도 있겠다." 이렇게요.

스탠퍼드대학교 심리학과 교수인 자밀 자키(Jamil Zaki)는 이러한 공감의 힘을 강조합니다. 그는 2021년 미국 국회의사당 습격을 이끈 미국 극우 음모론 운동 큐어넌(QAnon)에 빠진 메건이라는 인물의 사례를 통해 공감이 가진 설득의 효과를 설명한 바 있습니다. 메건의 파트너는 처음부터 비판적으로 접근하지 않고 '내 생각이 틀릴 수도 있어. 나도 그 점을 생각해볼게. 너도 나와 함께 이 부분을 한번 생각해보지 않을래?'라는 태도로 접근합니다. 메건은 상대방을 설득할 생각으로 대화에 응했지만, 열려 있고 공감해주는 파트너의 태도를 마주하며 오히려 본인의 논리를 돌아보게 되었습니다.•

공감이 효과적인 설득 방법인 이유는, 사람은 자신이 이해받고 있다고 느낄 때 심리적 방어막을 낮추기 때문입니다. 이때 비로소 다른 관점에도 마음을 열게 되고, 자신의 생각을 다시 점검해볼 여유가 생깁니다. 아이들과의 대화에서도 부모가 공감과 이해를 먼저 표현하면, 아이들 역시 자신의 의견을 더 유연하게 돌아보고 진지한 자세로 대화에 임할 수 있게 되는 것입니다.

아이가 어느 대목에서 속상했는지, 무엇이 불만스러웠는지를 물어봐주는 것도 방법입니다. 아이가 스스로 자각하지 못하고 있을 수도 있거든요. 대화를 통해 아이가 정확히 어느 부분에 불만을 갖고 있는지 들어보고, 공감해줄 수 있는 것이면 공감을 해주고, 혹시 오해하고 있는 것이 있다면 그 오해를 풀어주면 됩니다. 이는 아이의 잘못이나 논리적 오류를 찾아내는 취조보다는, 아이의 세계 속으로 들어가서 아이가 지나온 생

• 자밀 자키 『희망찬 회의론자』, 정지호 옮김, 심심 2025.

각의 길을 함께 걸어가보는 일에 더 가깝습니다. 부모로서 호기심과 관심을 갖고 임한다면 아주 즐거운 여정이 될 수 있습니다. 아이의 세계에 들어가보고, 아이의 눈높이에서 둘러보고 이해하고 궁금해하고 고민하는 여정을 함께하면 그다음에는 나의 세계에 아이를 초대할 수 있게 됩니다.

3. 개인적 경험을 넣어 사안을 '인간화'하기

세번째는 사안을 인간화(humanize)시키는 것입니다. 개인적 경험을 활용해서요. 이게 무슨 뜻이냐면 "아니야. 여자는 더 열등하지 않아. 이 수치를 봐." 하고 통계 자료부터 먼저 들이밀지 말라는 것입니다. 별 효과가 없기 때문입니다.

여자는 열등하고 남자가 더 우월하다, 이런 신념에 가까운 잘못된 믿음들은 아이의 정체성과 연결되기가 무척 쉽습니다. 게다가 꽤 오랫동안 이 생각을 주입받아왔고, 주변 친구들도 다 이렇게 말한다면 점점 더 '나'의 믿음이 되어갑니다. 이 믿음을 자신의 정체성과 구별하기 어려워집니다. 이럴 때 부모가 다가와서 넌 틀렸어, 이것 좀 봐, 하며 사실관계를 들이밀면 쉽게 정답을 받아들이지 못합니다. 오히려 자기 정체성에 대한 위협이자 공격으로 느껴지기 때문에 감정적인 반응이 먼저 튀

어나옵니다.

이럴 때는 개인적인 경험을 경유하여 접근하는 편이 더 효과적입니다. 예를 들면 이렇게 이야기하는 것이지요. "정말로 여자 작곡가가 없었던 것인지, 아니면 있었는데 알려지지 않은 것인지는 나도 잘 모르겠네. 그런데 만약 정말로 없었던 것이라면 엄마는 왜 그런지 조금 이해할 수 있을 것 같아. 지금 현대사회에서도 엄마는 종종 그런 제약을 느끼거든. 엄마가 밤늦게까지 사무실에서 일하거나 뭔가 새로운 일을 시작해보려 하면 주변 사람들이 종종 이렇게 묻곤 해. '애들은 누가 봐요? 이렇게 늦게까지 일하면 밥은 누가 차려주나요?' 그런데 너희 아빠가 늦게까지 일할 때는 아무도 아빠에게 그런 걸 물어보지 않아. 열심히 한다고 칭찬만 하지. 지금도 이런데, 옛날에는 더 심하지 않았을까? 여자가 작곡을 하고 싶어도 쉽지 않았을 것 같아."

개인적인 일화를 통해 대화 주제에 접근하면, 아이들은 추상적으로만 떠올렸던 '타인'들이 실제로는 주변의 가까운 사람과 크게 다르지 않다는 사실을 깨닫게 됩니다. 흔히들 '열등하다'거나 '다르다'고 타자화하는 대상은 멀리 있는 잘 모르는 사람들, 즉 막연하고 추상적인 존재로 상정하기 마련입니다.

하지만 우리 주변의 실제 인물에 대입해 이야기하면 아이들은 이 문제를 더이상 쉽게 타자화하지 못하게 됩니다. 사랑하는 가족이나 친한 친구가 겪을 수도 있는 사안으로 연결하여 생각해보면서 아이들의 태도와 마음이 변화하기 시작하는 것이지요.

    이러한 대화법을 사용할 일이 얼마 전에 또 있었습니다. 어느 빌딩의 지하주차장에서 아이가 질문했습니다. "여성 전용 주차장이 왜 필요해?" 이런 질문이 나올 때마다 당황스럽기는 매한가지입니다. 저는 이렇게 대답했어요. "그건 말이야, 내 생각인데, 주차장이 조금 위험한 곳이기도 하거든. 엄마도 가끔 밤늦게 퇴근해서 집에 올 때 지하주차장이 조금 무섭게 느껴지곤 해. 주차장에서 범죄가 일어나는 경우가 왕왕 있잖아. 안전을 확보하고 범죄 피해 가능성을 줄이기 위해 여성 전용 주차장이 생긴 게 아닐까? 그리고 마트 같은 곳에서는 엄마가 짐도 들고 아이도 돌봐야 하는 경우가 많은데, 차가 다녀서 위험할 수 있으니까 배려하려는 의도로 만들어놓는 경우도 있어. 너희가 어렸을 때, 마트 입구와 자동차가 멀리 떨어져 있으면 양손에 짐도 들어야 하고 너희도 돌봐야 하고 카트까지 끌어야 하니 엄마도 참 막막한 기분이 들 때가 있었단다. 아이들의 안전을 위해서도 여성 전용 주차장은 많은 도움이 되었던 것 같아."

심리학에서는 이러한 대화법의 효과를 '인간화 이론'으로 설명합니다. 인간화 이론이란 상대를 추상적인 개념이나 그룹으로 보지 않고, 구체적인 이름과 얼굴을 지닌 실제 인물로 인식할 때 그 사람에 대해 더욱 공감하고 이해하게 된다는 개념입니다. 즉, 막연한 집단으로 바라볼 때는 편견을 가지거나 부정적인 감정을 느끼기 쉽지만, 그 집단에 속한 개인을 구체적으로 인식할 때는 공감과 이해가 더 활발하게 일어난다는 뜻이지요. 이처럼 아이들의 마음속에 있는 추상적인 타자에 실제 인격을 부여한 뒤 새로운 정보를 전달하면, 아이들은 그 정보를 보다 쉽게 받아들이게 됩니다.

극단주의적 주장을 하는 아이와의 대화에서 주제를 인간화하는 방법이 유용한 이유는 문제제기를 한 아이의 정체성을 위협하지 않고 감정을 자극하지 않으면서도 이 사안을 '살아있는 존재'의 문제, 즉 우리 주변 이웃에게 행복이나 고통을 가져다줄 수 있는 실제의 문제로 인식하게 하기 때문입니다. 사람에 대한 따뜻한 마음을 잃지 않게 해주면서 동시에 구체적으로 생각해볼 수 있는 여지를 남기는 것이지요.

4. 새로운 정보를 서서히 소개하기: 팩트는 나중에

마지막으로, 새로운 정보를 주되 '서서히' 소개하는 것이 좋습니다. 나의 경험을 충분히 공유한 뒤, 그에 덧붙여서 새로운 지식이나 정보를 자연스럽게 제시하는 것이 효과적인 방식입니다. 사람들은 보통 자신의 신념이나 생각이 도전받을 때 방어적인 태도를 취하는 경향이 있습니다. 사회심리학의 자기 확인(Self-affirmation) 이론에 따르면, 사람들은 자신의 정체성이나 신념이 위협받는다고 느끼면 새로운 정보에 폐쇄적인 반응을 보일 가능성이 높다고 합니다. 따라서 먼저 공감을 통해 아이가 자신의 의견을 존중받고 있다고 느끼도록 한 뒤, 천천히 정보를 전달하면 수용도가 높아집니다.

여성 작곡가에 관한 앞선 대화를 예로 든다면, 저는 이렇게 끝을 맺었습니다. "나도 정확한 답은 몰라. 우리에게 알려진 작곡가 중에는 여자가 많지 않은 게 사실 같아. 하지만 문학의 경우 여성들이 자기 이름을 걸고 작품을 발표하면 인정을 받지 못하니까 남자처럼 보이려고 가명을 사용한 사람들도 있었어. 조지 엘리엇이나 브론테 자매처럼 말이야." 여기까지만 말하면 어떨까요? 상대방의 견해를 정면으로 부정하지 않으면서 역사적 사실을 슬쩍 알려주는 것이지요. 한편으로는 저의 진심이기도 하고요. 부모라고 해서 세상의 모든 일을 다 아는 것은 아니니까요.

팩트(fact)를 제시하는 것을 두려워하라는 뜻이 아닙니다. 아이들에게 틀린 것은 틀렸다고 분명히 가르쳐야 합니다. 다만 타이밍이 중요해요. 한꺼번에 쏟아붓듯이 들이미는 것은 좋은 전략이 아닙니다. 아이가 잘못 알고 있다는 걸 알면서도 끝까지 모르고 넘어갈 필요는 없지만, 팩트 제시는 타이밍을 잘 봐가면서 천천히 해야 합니다.

아이들이 잘못된 정보를 품고 있다는 사실을 발견하면 부모에게는 그 즉시 정정해주고 싶은 마음이 들곤 합니다. 때로는 그것이 필요할 때도 있어요. 하지만 그 잘못된 정보가 아이의 정체성과 관련 있을 때에는 잔소리하거나 틀렸다고 지적하고 싶은 마음을 일단 꾹 참고 신중하게 접근해야 합니다. 청소년기는 세상을 보는 시각을 형성하고 정체성과 가치관을 확립하는 결정적 시기입니다. 이 시기의 아이들과 소통할 때는 무조건적인 비판이나 과도한 잔소리를 삼가고, 그들의 이야기를 충분히 듣고 존중하는 태도를 유지해야 합니다. 부모의 훈육 방법이 자녀의 가치관 형성에 미치는 영향을 연구한 미국 심리학 협회 발표 논문에 따르면, 잔소리는 반복될수록 효과가 감소하며 수용자의 감각이 무뎌질 뿐만 아니라 오히려 관계를 손상시킬 가능성도 있습니다.

아이들에게 "그건 틀렸어" "그렇게 하면 안 돼"라고 바로잡기에 급급하기보다는, 정말 중요하고 필요한 것에 초점을 맞추어 사실관계를 제시하고 동시에 생각하는 방법에 관한 모범을 보여주는 것이 필요합니다. 아이가 스스로 판단하고 결정하는 능력을 길러주는 편이 장기적으로 보았을 때 훨씬 유익하기 때문입니다. 물론 이는 부모로서 조급하고 불안한 마음을 억누르며 아이가 스스로 정답에 이르기까지 기다려줄 인내심을 요하는 일입니다. 매우 어려운 일이지요. 하지만 아이들이 수용할 수 있는 범위 안에서 점진적으로 새로운 사실을 받아들이도록 배려하는 것은 부모가 갈고 닦아야 하는 기술이자 지혜이고, 궁극적으로는 공감과 사랑의 표현일 것입니다.

아이와의 대화에서 앞서 말씀드린 네가지 단계들을 어느 날 갑자기 적용하기는 힘들겠지요. 빠짐없이 외워두었다가 꼼꼼히 실행해야 하는 '대화의 절대공식'인 것도 아니고요. 중요한 것을 한가지 꼽자면 아이와 함께 대화하는 그 자체를 즐기는 마음입니다. 아이가 오늘은 무슨 일을 겪고 어떤 생각을 했는지 경청하고, 또 나의 경험과 생각을 아이에게 도란도란 나누다보면 어느새 마음이 열리면서 서로 이해하게 됩니다.

    틈날 때마다 아이의 이야기를 듣고, 자기 나름의 이유가 있음을 받아주고, 마침내 세상을 보는 눈을 길러주는 것은 부모의 도리이자 자녀를 향한 사랑입니다. 금세 이루어지지 않더라도 포기하지 않아야 합니다. 이 모든 과정에 있어서 상대를 존중하는 민주적인 태도를 유지하며 신뢰를 쌓아야 함을 잊지 마세요. 그래야 대화를 통해 아이들을 건강한 시민으로 성장시키는 목표에 한발짝 다가갈 수 있습니다.

부모에게
정돈된 답이 없음을 두려워하지 말자

극단주의에 빠진 아이의 말을 단번에 고쳐줄 수 있는 답이 내 안에 없는 것처럼 느껴질 때, 당황스러울 수 있습니다. 그러나 양육자로서 "그건 나도 몰라"라고 이야기하는 것을 너무 두려워할 필요는 없습니다. "나도 모르는데, 그럼 같이 한번 찾아볼까?" 하는 태도가 때로는 보다 나은 접근법일 수 있습니다. 부모도 (혹은 선생님도) 모든 것을 다 아는 것은 아니며, 이를 인정하는 겸손한 태도를 보이는 것이 교육적으로 더 바람직하기 때문입니다. 더불어 '모를 때는 직접 찾아본다'는 태도를 가르칠 수 있는 기회이기도 하고요.

'여자는 왜 군대 안 가?'에서 시작해 '왜 남자만 군대 가냐고!'라는 감정적인 반응이 따라 나오고, 곧이어 '역시 여자가 문제야, 난 여자가 싫어.'라는 그릇된 결론으로 비약하는 사고가 많은 아이들을 지배하고 있습니다. 이때 어른의 입장에서는

"그렇게 생각하지 마"라고 말하고 싶지만, 아이들은 '무엇을 하지 않는 방법'을 배울 수가 없습니다.

잘못된 비약적 사고의 고리를 끊어내는 한가지 방법은 대체할 만한 사고방식이나 행동을 알려주는 것입니다. "남자는 군대를 가고 여자는 왜 군대를 안 가?" "글쎄, 이유와 근거를 한번 찾아볼까? 이런 이유도 있고 저런 이유도 있구나, 이러한 장단점이 있네." 이렇게 같이 탐구해나가는 것이지요. 사람이 만든 제도이니 나라마다 시기마다 이유도 논리도 다릅니다. 각각을 비교해보면서 '사람'이 아닌 '제도'의 문제로 초점을 분명히 할 수도 있습니다. 이게 건강한 사고의 과정이고 실제로 사회에 생산적인 변화를 가져오는 방식이기도 합니다. 앞서 보았듯이 "여가부는 폐지해야 되는 거 아냐?"라며 아들이 불만 섞인 질문을 해왔을 때도 저는 마찬가지로 대응했습니다. 실제로 여성가족부에 관한 의심과 질문에는 부서의 정책 방향이나 내용과는 동떨어진, 공격을 위한 공격인 경우가 많아서 사실을 직접 확인하는 절차만으로도 예상외로 오해가 쉽게 풀리고는 합니다.

그리고 더 중요한 것은 하나하나의 답을 알려주기보다, 남들의 의견을 무비판적으로 따라가지 않고 직접 찾아보며 확인하는 태도를 전해주는 일입니다. 부모로서 그리고 민주시민으로서 아이가 배울 만한 자세를 보여주고, 어떤 문제에 대해 답을 찾아가는 과정의 모범을 보이는 것이지요. 교육학에서는 이를 모델링(Modeling)이라고 합니다.

스스로 생각해보고, 직접 찾아 사실관계를 확인하는 일을 몸소 실천해주세요. 우리 부모님은 어떤 궁금증이 있을 때 이런 식으로 해결하는구나, 이해가 안 되는 일이 생기면 직접 하나하나 찾아보는구나, 진짜인지 아닌지 확인해볼 수 있구나. 이렇게 생각하는 방법을 가르치는 것이 중요합니다. 이러한 태도가 갖추어져야만 다른 모든 사안에 관해 자기 자신의 판단력을 세워볼 수 있으니까요.

**그럼에도
물러설 수 없는 가치가 있다**

극단주의적 생각을 갖게 되면 특정 집단에 대한 혐오를 자주 드러냅니다. 그런데 정작 부모님들은 여성, 성소수자, 장애인 등 사회적 약자에 대한 혐오 문제로 아이들과 이야기하는 것을 불편해하거나 기피합니다. 부모님들이 망설이는 것과는 달리, 실제로는 아이들과 혐오에 관해 허심탄회하게 이야기 나누는 경험이 필요합니다. 혐오는 옳지 않은 것이라는 확실한 가치관을 심어주어야 합니다. 앞서도 이야기했지만, 우리 삶에서 회색 지대는 굉장히 넓다고 생각합니다. 사안에 따라 때로는 선이 악이 될 수도, 악이 선이 될 수도 있는 것 같아요. 상황마다 다르게 판단해야 할 때도 많습니다. 하지만 넘어서는 안 되는 선이 있습니다. 바로 '혐오'와 '배제'입니다.

우리 모두 누군가를 미워할 수는 있습니다. 내가 아는 사람이 나에게 상처 혹은 피해를 줘서, 나를 힘들게 해서 누군가를 싫어할 수는 있지요. 우리는 모든 인간을 사랑할 수 있는 신이 아닙니다. 하지만 나를 힘들게 한 어느 개인을 원망하는 것과 어떤 특정 집단을 전부 배격하고 혐오하는 것은 분명 다른 차원의 이야기입니다.

혐오는 특정 개인이나 집단에 대한 강한 부정적 감정과 적대감을 의미합니다. 단순히 싫거나 불쾌한 정도를 넘어 상대를 비인격화하고 공격하는 형태로 드러납니다. 사회적으로 편견과 차별, 폭력을 불러오기도 하지요. 심리학적 관점에서 혐오는 자기 안의 불안·두려움·좌절감을 특정 집단에 떠넘기는 행위로 발현됩니다. 개인의 문제를 다른 이들의 탓으로 돌려 심리적 위안을 얻으려는 방어기제가 작동하는 것입니다. 사회경제적으로 불안한 시기 혹은 정체성을 위협받는 상황에서 혐오는 더욱 심해지고, 특정 인종·성별·종교·정치집단에 대한 극단적인 적대감으로 이어집니다.

혐오가 위험한 이유는 단순히 개인적 감정의 문제에 그치지 않고, 사회 전반에 걸쳐 갈등과 분열을 심화시키기 때문입니다. 혐오는 인간의 존엄성을 침해하고, 민주적이고 건강한 사회를 유지하는 데 심각한 위협이 됩니다. 더불어 궁극적으로 사회를 계급화하여 특정 집단이 권력을 갖고, 다른 특정 집단을 권력에서 배제시키기 위한 목적으로도 사용됩니다. 특정 인종이나 국적을 가진 사람들, 여성, 장애인, 특정 직업군에 속한 사람들을 혐오하고 배제하는 이유는 자신들이 이러한 대상보다 '높은 위치'에 있다고 믿기 때문입니다. 혐오는 이처럼 자신의 사회적 지위를 확고히 하기 위해 자신보다 '약한' 사람을 끌어내리는 동시에, 자신이 올라설 수 있는 발판을 만들려는 시도입니다. 타인을 '낮은 계층'으로 규정하여 자신의 상대적 우위를 유지하고, 그러한 관계를 고착화하려는 '현대적 신분제'의 또 다른 모습이라고 할 수 있지요. 혐오를 단순히 개인 차원의 문제가 아닌 우리 사회에 뿌리내린 현안으로서 이야기해야 하는 이유입니다.

아이와의 대화에서 미움과 혐오의 문제를 다룰 때, 부모로서 명확한 가치관을 제시해주어야 합니다. 특정 개인에게 아쉬움을 느끼는 것과 집단 전체를 혐오하는 것은 근본적으로 다르다는 점을 이해시키고, 사람들과의 관계에서 겪는 감정적 어려움이나 갈등을 어떤 대상에 전가하지 않고서 있는 그대로 인정하는 자세를 가르칠 필요가 있습니다. 예를 들어 아이와 이야기할 때 다음과 같이 감정적 어려움과 혐오는 서로 다르다는 점을 설명해줄 수 있습니다. "네가 누구를 싫어할 수는 있어. 다른 사람들과 함께 지내면서 갈등이 생길 수도 있어. 우리가 모든 사람을 사랑하지는 못해. 그건 몹시 어려운 일이야. 물론 그러려고 노력해야겠지만, 엄마도 늘 실패하곤 하지. 하지만 나에게 상처를 준 어떤 사람을 미워하는 것과 특정 집단을 혐오하는 것은 다른 문제야."

또 이렇게 덧붙이곤 합니다. "내가 힘들다고 해서 남을 미워하면 안 돼. 그건 어리석은 짓이야. 남을 미워한다고 나의 문제가 해결되지 않거든." 내가 힘들면 내 문제를 해결하는 데 초점을 맞춰야 하는데, 어렵고 고된 길이지요. 남을 미워함으로써 나의 문제를 가리려는 손쉬운 태도가 생겨나는 이유입니다. 이는 곧 혐오가 자라나는 토양이 됩니다. 이와 같은 마음가짐으로는 문제가 절대로 해결되지 않는다는 사실을, 결론적으로 행복하게 사는 방법이 아니라는 점을, 부모만이 알려줄 수 있는 공존의 가치관을 담백하게 들려줄 필요가 있겠습니다.

토론은
민주주의 라이프스타일

    학교에서 그리고 일상에서 생각하는 훈련을 할 수 있는 가장 좋은 방법 중 하나가 바로 토론입니다. 토론이란 단순히 상대방을 이기기 위한 설전이나 말싸움이 아닙니다. 진정한 의미의 토론은 자기 생각을 스스로 깊이 있게 탐구하고, 자신이 가진 전제나 논리의 허점을 발견하며, 자신의 생각을 더욱 정교하게 다듬어가는 과정입니다. 이렇게 생각하는 행위는 곧 '깊은 학습(deeper learning)'을 의미합니다. 깊은 학습은 지식을 단지 암기하거나 수동적으로 받아들이는 것이 아니라 학습자가 능동적으로 자신의 기존 지식과 새로운 지식을 연결하고, 다양한 관점과 논리 구조를 파악하고, 무엇이 더 타당한지 비판적으로 평가하는 과정을 말합니다. 비판적 사고력을 기르는 핵심적 요소이지요.

    역사적 사건 혹은 과학적 현상을 다룰 때, 교과서가 제시하는 하나의 정답을 외우는 행위는 깊은 학습을 요하지 않습니다. 학습자가 스스로 그 사건의 원인과 과정을 탐구하고 서로 다른 해석을 비교하고 비판할 때 비로소 깊은 학습이 이루어지는 것입니다. 누군가와의 대화에서 상대방이 나와 다른 견해를 제시하면, 나는 그 주장을 반박하기 위해 내 생각을 더욱 선명히 정리하고 근거를 찾아야 합니다. 이렇게 나의 생각과 지식을 점검하는 과정을 통해 성찰적 사고를 하게 됩니다.

또한 토론을 하면서 우리는 다른 사람의 시각과 의견을 듣고, 때로는 자신의 입장을 수정하며 타인의 관점을 수용하거나 비판할 줄 아는 사회적 기술을 키워나갑니다. 이 과정을 통해 아이들은 집단적 상황 속에서 자신의 역할을 인식하고, 타인의 의견을 존중하며, 공동체에서 합의를 이루어가는 방법을 배웁니다. 토론은 단순히 지식 전달을 넘어, 아이들이 민주사회에서 시민으로 살아가는 데 필요한 역량을 기르는 활동입니다. 서로 의견을 주고받고, 협력과 갈등의 과정을 경험하며, 타인과 상호작용하는 방법을 배우는 사회적 학습은 단지 이론이 아니라 실제로 민주주의 사회를 유지하고 발전시키기 위해 꼭 거쳐야 하는 훈련인 것입니다.

토론은 궁극적으로 집단지성입니다. 집단지성은 여러 사

람이 각자의 지식과 관점을 공유하고 결합하여 혼자서는 도달할 수 없는 높은 수준의 지성을 창출하는 것을 의미합니다. 우리가 살아가는 세상의 문제들은 개인이 홀로 풀기엔 너무 복잡합니다. 다양한 관점을 지닌 사람들이 함께 고민하고 논의할 때 더 좋은 해결책을 찾을 수 있습니다. 토론은 여러 사람이 모여 머리를 맞대고 대화하는 행위를 통해 때로는 충돌하고 때로는 융합하면서 훨씬 더 깊이 있고 창의적인 결론을 낼 수 있는 방법입니다.

안타깝게도 우리 교육은 토론을 장려하지 않습니다. 표면적으로는 권장하지만, 실제로는 그렇지 못합니다. 우리 교육에서 토론은 오히려 치팅(cheating, 부정행위)으로 여겨집니다. 한국사회는 토론보다 개인 간의 경쟁을 장려합니다. 토론이 추구하는 것과는 정반대 방향을 향해 있다고 볼 수 있습니다.

저는 우리 교육에 토론이 더 필요하고, 이것이 민주 시민을 길러내는 교육 방법 중 하나라고 생각합니다. 토론은 정답을 정해놓고 일률적으로 달려가는 것이 아니라, 정답이 없는 문제에 대해 서로 대화하는 것입니다. 정답을 정해놓고 생각하게 하는 순간 정답 맞히기 게임에 불과해집니다. 정답 맞히기 게임에서 아이들은 출제자의 의도만을 파악하고 출제자가 원하는 답만 찾으려고 노력합니다. 그러나 비판적 사고는 그 출제자 자체를 비판적으로 보고, 출제된 문제에 대해 이의를 제기할 수 있는 것을 의미합니다. 고로 정답이 정해질 수 없겠지요.

토론은 곧 민주주의가 운영되는 방식입니다. 우리는 흔히 민주주의를 하나의 정치 제도나 시스템으로만 이해하곤 합니다. 민주주의라 하면 국회나 대통령 선거, 투표 같은 것을 떠올리지요. 이것들도 중요하긴 합니다. 하지만 민주주의가 흔들림 없이 지속되려면 민주주의는 '라이프스타일'이 되어야 합니다.

민주주의가 라이프스타일이어야 한다는 것은 무슨 뜻일까요? 민주주의는 단순히 몇년에 한번씩 투표하는 것만으로 이루어지는 게 아닙니다. 민주주의는 우리가 일상에서 타인과 상호작용하고, 의견이 다른 사람들과도 대화하고 협력하며, 공동체의 문제를 함께 고민하고 해결하는 모든 과정 속에 존재합니다. 예를 들어 어떤 가정에서 부모와 아이들이 서로의 의견을 동등하게 듣고 대화하는 습관을 갖추고 있다면, 그 가정은 민주적인 라이프스타일을 실천하고 있는 것입니다. 또 교실에서 아이들이 서로의 의견을 존중하며 토론하고 함께 문제를 풀어나가는 것도 민주주의적 생활양식입니다. 지역사회나 직장에서 다양한 생각을 가진 사람들이 의견을 주고받으며 공동의 목표를 이루기 위해 협력하는 문화도 민주주의가 삶 속에 스며든 모습이라 할 수 있겠습니다.

민주주의는 하루아침에 이루어지지 않습니다. 민주주의를 우리 삶 속에 내재화하려면 지속적인 연습이 필요합니다. 가장 좋은 연습 방법이 바로 대화와 토론입니다. 토론이라는 행위 자체가 민주주의적 태도를 훈련하는 과정이지요. 남의 의견을 경청하고 존중하며, 의견이 달라도 배척하지 않고 차이를 인정하면서 공동의 이해를 찾는 것. 나아가 정답이 없는 문제에 대해 서로 다른 의견을 가진 사람들과 끊임없이 대화하며 공존과 합의를 이루어나가는 과정. 이것이 바로 민주주의 라이프스타일입니다.

많은 사람들은 정답이 없는 문제에 대해 생각하고 토론하는 것을 불편해하거나 무의미하게 여깁니다. 하지만 바로 그 불편함을 견디고 서로 다른 의견을 존중하면서 더 나은 공동의 방향을 모색하는 것이 민주주의의 핵심이며, 바로 이런 태도가 민주주의를 삶의 방식으로 만드는 출발점입니다. 그래서 우리 교육이 지금과는 달라져야 한다는 것입니다. 학교 교육이 정답 맞히기와 무한 경쟁에서 벗어나, 토론과 성찰을 통해 서로 다른 의견을 마주하는 훈련의 장이 되어야 합니다. 이것은 우리 사회가 민주주의를 내면화하고 깊이 체화시키기 위해 반드시 가야 할 길입니다.

의외로 많은 부모님들이 비판적 사고는 어린 나이에 훈련시킬 수 없다고 생각합니다. 하지만 생각보다 어렵지 않습니다. 교육 선진국에서는 이미 다들 하고 있습니다. 어린아이들을 위한 비판적 사고 훈련은 어떻게 하느냐고요? 마찬가지로 토론을 통해서입니다. 동물원에 가면 "저 동물이 뭘까?" 묻는 것에서 끝나지 않습니다. "저 동물은 어떻게 살까? 저 동물은 여기까지 어떻게 왔을까? 저 동물은 왜 여기 있을까?"에 대해서까지 대화할 수 있습니다. 울타리 안의 동물 이름을 아는 것은 단순 암기입니다. 그 동물이 어떤 삶을 살고 있을지, 그 삶이 행복할지, 그 동물은 어떤 과정을 거쳐서 여기에 왔을지, 그 동물이 이곳에 사는 이유나 목적은 무엇인지, 왜 우리는 동물원을 만드는지에 대해 꼬리에 꼬리를 물며 아이와 함께 생각하고 의견을 나누어보세요.

여기서 주의할 점은 아이에게 정답을 강요하지 않아야 한다는 것입니다. 때때로 오류를 고쳐줄 수는 있겠지만 우리의 목적은 아이에게 정답이나 정보를 주는 것이 아니라 아이가 문제에 대해 생각하고 고민하게 하는 그 자체라는 것을 잊어서는 안 됩니다. 동물원이나 놀이터에서 방문객들을 관찰해보면 너무도 많은 부모들이 혼자서 아이에게 강의를 합니다. 부모가 말하고 있으면 아이는 생각하지 못합니다. 아이가 말하게 하고, 들어보며 대화를 나누세요.

비판적 사고와 민주주의적 대화가 어려우시다면 아마 그 이유는 '익숙하지 않기' 때문일 것입니다. 어른들도 질문하는 법, 비판하는 법을 어려워합니다. 우리 역시 어렸을 때부터 스스로 생각하고 당돌하게 질문하는 법을 배우지 못했으니까요. 저는 아이들이 우리처럼 어려움을 겪지 않고, 자연스럽게 서로의 의견을 존중하고 질문하며 토론하는 법을 배우게 하고 싶습니다. 그렇게 민주주의를 라이프스타일로 삼고 살아가면 좋겠습니다. 변화는 거대한 사건에서 비롯되는 것이 아니라 매일 나누는 아주 작은 대화와 질문에서 출발합니다. 사회의 문제를 비판하고 질문하고 고민하는 방법을 아이들에게 가르쳐주어야 합니다.

집에서 아이와 나누는 작은 대화들이 멀리 보면 아이를 더 크게 성장시키고, 마침내 우리 사회 전체를 건강하게 만들 수 있습니다. "너의 생각은 무엇이니?" "세상에서 어떤 일이 일어나면 좋겠니?"와 같이 열린 질문을 자꾸자꾸 던져보세요. 아이의 대답을 일방적으로 '맞았다/틀렸다' 혹은 '잘했다/못했다'로 평가하지 말고, 서로 문답을 주고받으며 대화를 이어가세요. 우리의 작은 토론들이 모일 때, 이 사회도 변할 것입니다.

일상에서
대화와 토론의 재료를 발견하기

아이들과의 토론은 일상의 평범한 대화에서 시작하는 것이 가장 좋습니다. 일부러 어떤 주제에 대해 토론하기로 작심하고 아이에게 다가가기보다는, 자연스러운 대화 속에서 점차 깊은 대화로 들어갈 기회들을 볼 수 있어야 합니다. 아이가 건네는 사소한 질문이나 일상에서 함께 보고 겪는 사건들이 알고 보면 좋은 교육의 기회가 되곤 합니다.

아이들의 관심사를 포착해 공감력 길러주기

얼마 전 한 학생이 동급생들에게 폭행당하는 영상이 온라인에 게재되어 경찰이 수사에 나선 일이 보도되었습니다. 저는 폭력 행위를 보여주는 뉴스를 아이에게 굳이 먼저 이야기하지는 않습니다. 그런데 이번에는 아이가 먼저 말을 걸어옵니다. 이런 일이 있었다며 제게 뉴스를 보여주지요. 자기가 속한 '학교'라는 사회에서 벌어진 사건인 만큼 관심이 갔나 봅니다. 이럴 때가 아이와 깊은 대화를 열 수 있는 좋은 기회입니다.

우선 사건의 개요에 대해 물어봅니다. '언제, 어디서, 누가, 무엇을, 왜, 어떻게' 육하원칙에 맞춰 사건을 이해해보려 합니다. 부모가 물어보고 이해해보려 하는 그 자체가 아이에게 좋은 모델이 됩니다. 감정에 휩쓸려 대뜸 화를 내거나 사건 당사자들을 비난하기에 앞서, 최대한 정확하게 정보를 찾아보고 사건의 개요를 파악하고자 노력하는 모습을 보여줍니다.

그다음에는 사건에 대한 아이의 생각을 들어봅니다. 어떻게 이런 일이 가능했을지, 피해자는 얼마나 고통스러웠을지, 피해자의 마음이 어떨지, 피해자는 왜 자신의 피해 사실을 숨겼을지, 가해자는 그런 행동을 통해 무엇을 얻는다고 생각할지, 주변의 다른 아이들은 왜 가만히 있었을지, 내가 이 사건의 목격자라면 어떻게 행동했을지 등등 주로 아이의 생각을 물어보는 질문들입니다. 물론 대화인 만큼 중간중간 저의 생각도 이야기합니다.

이런 대화를 나눌 때 저는 '공감하기'에 보다 집중합니다. "피해자는 혼자라서 더 무서웠겠지? 너라면 어땠을 것 같아? 나라면 무력감과 수치심을 느꼈을 거야. 피해 사실을 알리지 못한 것도 그런 이유 때문이 아닐까?"와 같이 당사자가 느꼈을 감정과 그에 따른 행동을 연결시켜 살펴볼 수 있도록 안내합니다. 피해자의 심경을 헤아려보고 그가 처했을 상황에 공감함으로써 인권 감수성을 키워주고, 폭력이 왜 정당화될 수 없는지 이해할 기반을 마련할 수 있습니다.

비단 피해자만이 아니라 가해자와 방관자 입장에서도 생각해보게끔 합니다. 예를 들어, 가해자는 폭력을 통해 또래 집단에서 힘과 권력을 인정받는다는 느낌을 얻을 수 있을지는 몰라도 친구들로부터 신뢰를 잃게 된다는 점을 짚어봅니다. 그리고 폭력 행사가 잘못된 행동이라는 점을 마음속으로는 알고 있으니 결과적으로 자기 존중감을 상실하고 나아가 행복한 일상과 미래를 잃게 될 가능성이 클 것이라고 이야기해볼 수 있지요. 방관자 입장에서는 가해자에게 맞서지 않음으로써 당장의 안전함과 친구 집단 사이에서의 안정감을 얻지만, 옳지 않은 행동을 막지 못했다는 죄책감과 무력감 속에서 윤리 감각의 혼란을 겪게 되지 않을지 거론해봅니다. 그뿐 아니라 폭력을 묵인함으로 인해 자신도 언제든 그 폭력의 피해자가 될 수 있으며 폭력이 '정상 상태'로 받아들여지는 불안전한 공동체 안에서 살게 될 위험에 관해 고민해보자고 할 수도 있지요.

학교 폭력 사례처럼 아이가 먼저 관심을 보이는 사건은 그만큼 아이가 감정을 이입하고 다른 사람의 입장에서 생각해볼 수 있는 여지가 넓습니다. 사건에 대한 자신의 감정과 생각을 솔직하게 공유해보면서, 아이는 자연스럽게 당사자에게 공감하는 법을 배우고 어떤 행위와 사건이 불러올 결과는 무엇일지 연결하여 생각하는 법도 터득하게 됩니다. 관심사에 기반한 대화를 쭉 이어나가며 사건을 바라보는 다양한 관점, 여러 입장을 종합해 자기 생각을 만들어나가는 방식 등 민주시민으로서 비판적으로 사고하는 기술도 자연스럽게 기를 수 있고요. 아이가 먼저 걸어온 대화를 무심히 지나쳐버렸다면 아무것도 얻지 못했을 것입니다. 아이의 관심사가 엿보이는 순간을 놓치지 말고 잘 포착하세요.

사회 부조리 뉴스를 함께 보며 공분과 관용 가르치기

어느 저녁, 뉴스에서 한 사회적 약자가 부당한 일을 당했음에도 가해자가 제대로 처벌받지 않았다는 소식이 보도되었습니다. 아이가 분노합니다. "왜 저런 나쁜 일을 한 사람이 벌을 안 받아?" 이때도 아이들과 토론할 수 있는 좋은 기회입니다. 이 순간을 놓치지 않고 '공분'과 '관용'에 대해 이야기해봅니다.

"그러게, 정말 너무했네." 먼저 아이에게 공감하고 있다는 메시지를 보냄으로써 아이가 느끼고 있는 분노의 감정을 인정해줍니다. 동시에 정의롭지 않은 것에 대해 공분해도 된다는 점도 알려줍니다. 공분(公憤)은 나의 일을 넘어 사회의 잘못된 문제에 대해 느끼는 의롭고 바른 분노를 가리킵니다.

일상에서 개인 간의 갈등은 흔히 일어납니다. 이러한 갈등에 대해 화를 낼 수는 있지만 동시에 개인적 차원에서 해결할 수 있는 여지 역시 많습니다. 하지만 노동 착취, 여성이나 성소수자에 대한 혐오 폭력, 계엄과 내란 사태 등은 사회적 차원으로 사고를 확장해보아야 할 문제들입니다. 개인적 갈등과 사회적 병폐 두가지 경우 모두에서 우리는 분노의 감정을 느끼지만, 해결 방법은 다릅니다. 사회 부조리에 관해 아이와 대화할 때는 해답이 없을 때도 많습니다. 그러나 우리의 목적은 정답을 찾는 것이 아니라 이에 대해 생각하고 토론하고 고민하는 태도 그 자체를 가르치기 위한 것임을 잊지 말아야 합니다.

뉴스에 나온 사건처럼 누군가 부당한 피해를 받고 있는데도 사회가 외면하는 부정의(不正義)에 대해서는 공분할 수 있어야 한다는 것을 가르칩니다. 사회생활을 해보신 분들이라면 모두 아시겠지만, 잘못된 것을 잘못되었다고 말하는 것은 결코 쉬운 일이 아닙니다. 크나큰 용기를 내어야 하지요. 주변의 많은 이들이 침묵하거나 잘못된 방향으로 가고 있을 때, 이를 불의로 여기고 다른 목소리를 낼 수 있으려면 어린 시절부터 분노의 감정을 직시하고 파고들어 가보는 경험이 필요합니다. 저 뉴스를 보고 왜 분노하게 되었는지, 분노의 감정이 피해자에게 어떤 도움으로 연결될 수 있을지, 가해자에 대한 처벌이 내려지면 분노의 감정이 사그라들지, 사그라든다면 그것은 왜 그런지, 개인의 차원을 뛰어넘는 공동체의 분노가 우리 사회에 왜 필요한지, 공분을 통해 폭력을 멈추게 할 수 있을지, 공분은 어떤 식으로 표현하면 좋을지 등 아이가 직관적으로 느낀 분노의 감정을 사회적인 관점으로 넓혀서 바라보도록 유도할 수 있습니다.

반면, 일상에서 겪는 불편이나 나의 기분이 상하는 사소한 일들에 대해서는 너그럽게 참는 법을 가르칩니다. 그럴 땐 관용과 인내를 실천하는 게 멋있는 거라고요. "물론 쉽지 않을 때도 있어. 때로는 나를 괴롭히는 사람이 나만 괴롭히는 것이 아닐 때도 있지. 그래서 그때그때 판단해보아야 할 일이지만, 엄마는 이런 경우는 참아. 그리고 이런 경우에는 참지 않고 분노를 표현해."라고 나의 경험과 기준을 이야기합니다. 최근 학교에서 자녀가 조금이라도 손해 보는 일을 참지 못하고 부모들이 소위 '갑질'을 하는 사건을 종종 목격할 수 있습니다. 개인의 불편이나 못마땅함을 마치 정의가 훼손된 것으로 착각해 자신의 분노를 공분으로 오인한 경우이지요. 참고 인내할 법한 불편함과 정당히 표출해야 하는 분노를 분별할 줄 아는 역량이 필요합니다.

사회 부조리를 보도하는 뉴스를 같이 보며 나누는 대화는 아이에게 자신의 분노를 어떻게 받아들여야 하는지, 그리고 우리 사회에서 정의란 무엇인지 함께 가르칠 수 있는 기회입니다. 아이는 불합리한 일을 보며 분노하는 것은 잘못이 아님을 배웁니다. 정의로운 분노는 세상을 바꾸는 원동력이 될 수 있음을 깨우칩니다. 동시에, 일상에서 자기 중심적인 화를 내려놓는 관용과 절제의 미덕도 습득하게 됩니다. "공적인 정의가 무너질 때 목소리를 내는 일이 훌륭한 것이고, 개인적인 문제로 남에게 섣불리 화내지 않는 것이 성숙한 사람의 모습이란다." 이러한 대화를 통해 상황에 따른 자신의 감정을 분별하고 가치의 우선순위를 구분하는 법을 익힌 아이는, 커가면서 사소한 문제에 쉽게 흥분하지 않고 진정 소중한 것에 마음 쏟을 줄 아는 어른으로 자라납니다.

생활 속 경제 이야기로 세상의 연결성 보여주기

앞서 계엄을 '낭만'으로 받아들이는 아이들이 있다고 말씀드린 바 있습니다. 계엄뿐 아니라 전쟁, 조폭 등 오늘날 아이들 사이에서는 국가적·사회적 폭력을 멋지고 쿨한 것으로 낭만화하는 경향이 생겨나고 있습니다. 이런 것들이 결코 낭만일 수 없음을 어떻게 가르칠 수 있을까요?

저는 이 답을 우연히도 아이와 나눈 경제 이야기 속에서 발견했습니다. 학교 수업에서 인플레이션에 관한 내용이 나왔나봅니다. 아이는 저에게 인플레이션이 무엇이냐고 물었지요. 이 질문은 단지 경제 용어를 설명하는 것을 넘어 사회의 복잡성과 연결성, 그리고 전쟁·계엄과 같은 거시적 폭력이 어떻게 개인의 삶을 파괴할 수밖에 없는지 알려주는 기회가 됩니다.

먼저 인플레이션에 관해 아이의 눈높이에서 간단히 설명했습니다. "인플레이션은 물건의 값이 계속 올라가는 현상이야. 예를 들어 계란값이 오르면 빵집 주인은 재료를 사기 힘들어져서 빵값을 올려야 할 거야. 그럼 손님들은 같은 돈으로 빵을 더 적게 살 수밖에 없겠지. 이렇게 계란값과 빵값이 계속 오르면 손님들은 생활이 어려워지다가 언젠가 자신의 예산으로는 빵을 사 먹기 어려워지고, 빵집도 장사가 잘 안될 테니 결국 문을 닫게 된단다."

하지만 아이들은 (고등학생이어도!) 이를 자신에게는 벌어지지 않을 아주 먼 이야기로만 상상하곤 합니다. 자신의 문제가 될 수도 있다고 여기지 않지요. 그래서 저는 이어서 이야기합니다. "마찬가지로 지구 반대편에서 일어나고 있는 러시아-우크라이나 전쟁 때문에 우리가 오늘 저녁에 고기를 못 먹는 거야." 자, 이제 남의 문제가 아니라 나의 문제, 그것도 '내가 좋아하는 고기'의 문제가 되었습니다. 아이에게 우크라이나가 곡물을 많이 수출하는 나라임을 설명합니다. 우크라이나는 밀과 옥수수를 전세계로 내보냅니다. 그런데 전쟁 때문에 우크라이나에서 곡물이 제대로 수확되지 못하면 곡물을 먹고 자라는 소와 돼지의 사료값이 오르고, 우리나라의 농장에서도 가축을 키우는 데 더 많은 돈을 들여야 하므로 우리나라 마트의 소고기나 돼지고기 가격도 올라갈 수밖에 없다고 이야기합니다. "결론은 푸틴 때문에 네가 오늘 고기를 못 먹는거야."라고 농담도 덧붙입니다. 아이는 제 설명을 듣고 전쟁과 자신이 어떻게 연결될 수 있는지 이해하기 시작했습니다.

계엄 사태에 관해서도 이게 어떻게 나의 일로 연결될 수 있는지, 왜 우리 가족에게도 영향을 미칠 문제인지 설명할 수 있었습니다. "경제는 복잡하게 서로 연결되어 있어. 한가지가 잘못되면 다른 것까지 영향을 받아서 결국 사회 전체가 흔들릴 수도 있지. 계엄도 마찬가지야. 겉보기에는 강력한 리더십이 멋져 보일 수 있지만, 실제로는 전혀 그렇지 않아. 힘으로 모든 것이 통제되는 계엄 상황에서는 사람들이 당장 겁이 나 소비를 줄이게 되고 가게 주인들은 물건을 팔 수 없게 돼. 기업들도 사업을 펼치기 어려워지고 외국에서도 우리나라에 돈을 투자하기를 기피하겠지. 실제로 이번 계엄 사태 때도 그랬고 말이야."

피부에 와닿는 경제적 예시를 들어가며 대화를 나누다보면 사회 현상을 바라보는 아이의 시각을 넓혀줄 수 있습니다. 전쟁이나 계엄은 결코 몇몇 인물들의 권력 과시나 영웅담이 아니라, 우리 모두의 삶과 아주 밀접하게 연결된 현실의 문제라고요. 이러한 시각은 당장의 정치사회적 문제를 이해하는 데에도 도움이 되지만, 책상 앞에서의 교과 공부를 세상일과 연결하여 내다볼 수 있게 하는 소중한 밑거름이 됩니다. 아이들은 세상을 널리 헤아리는 성숙한 시각을 지니고, 일차원적이고 극단주의적인 주장에 쉽사리 흔들리지 않는 건강한 시민으로 성장할 것입니다.

새로운 시대의 시민을
길러내기 위하여

가짜뉴스와 극단주의가 만연한 오늘의 현실을 목도할 때면 떠오르는 역사적 사건이 하나 있습니다. 홀로코스트(the Holocaust), 나치 독일이 약 600만명의 유대인을 학살했던 참극입니다.

나치는 마땅한 근거도 없이 유대인을 극도로 혐오했습니다. 유대인을 독일 사회에서 어떻게든 쫓아내고자 했지요. 그 일환으로 추진된 정책이 마다가스카르 계획(Madagascar plan)입니다. 나치 지도자들은 아무런 고민이나 현실적인 검토 없이 아프리카 남동부에 위치한 커다란 섬 마다가스카르로 유대인들을 추방하기로 합니다.

물론 이 계획은 현실성이 완전히 결여되어 있었습니다. 당시 마다가스카르는 프랑스의 식민지였는데, 프랑스는 받아줄 의향이 없었지요. 게다가 수백만명의 유대인을 한꺼번에 강제로 옮길 배도 돈도 방법도 전무했습니다. 그 어떤 진지한 고민이나 계획 없이 그냥 지도 위에서 손가락으로 섬 하나를 가리키며 여기로 옮기자고 결정한 것입니다. 극도로 단순하고 무책임하게 이루어진 계획은 현실에서 당연히 실패할 수밖에 없었습니다. 이 계획이 실패한 이후 나치 지도자들은 더욱 단순한, 그렇기에 더욱 끔찍한 해결책을 떠올리게 됩니다. 쫓아낼 수 없다면, 없애버리기로 한 것이지요.

오늘날까지도 세계는 홀로코스트의 잔혹함을 기억하고 있습니다. 복잡한 문제를 무책임하고 단순한 방식으로 접근했을 때 그 단순함이 얼마나 끔찍한 결과를 낳을 수 있는지 보여주는 엄숙한 사례입니다. 우리 아이들에게 이 역사를 들려주면서 반드시 강조해야 하는 점이 있습니다. 바로 현실의 문제는 지도 위의 섬을 고르듯 단순하게 해결되지 않는다는 사실입니다. 아이들이 앞으로 커가면서 만나게 될 세상의 문제들은 신중히 고민하고, 여러 사람의 의견을 듣고, 합리적인 절차와 과정을 통해서만 해결될 수 있다는 점을 깊이 이해해야 합니다.

한나 아렌트(Hannah Arendt)는 나치의 유대인 학살에 대해 연구하면서, 이러한 끔찍한 범죄가 '특별히 악마적인 사람'들이 아니라 '평범한 사람들이 깊은 생각 없이 저지른 행위'

라는 사실을 밝혔습니다. 그녀는 이를 악의 평범성(banality of evil)이라고 표현하면서, 생각하지 않는 것 그 자체가 악이라고 지적합니다. 아렌트는 나치 전범 재판을 보며 충격을 받았습니다. 유대인 수백만명을 죽음으로 몰아넣는 일을 지휘했던 나치의 관리인 아돌프 아이히만(Adolf Eichmann)이 특별히 악마적인 사람이 아니라 단지 생각하기를 멈춘, 스스로 판단하지 않고 그저 명령을 따랐던 아주 평범한 사람이었기 때문입니다. 그는 무서운 괴물도 아니었고, 누구나 주변에서 볼 수 있는 범상한 사람이었습니다. 그는 다만 스스로 생각하지 않고, 비판하지 않고, 세상을 복잡하게 바라보지 않고, 타인의 고통에 공감하지 못하는 사람일 뿐이었던 것입니다.

아이들과의 대화를 통해 우리가 기억해야 할 것이 바로 이 아렌트의 교훈입니다. 세상을 단순하게 보고, 복잡한 현실을 무시하며, 깊은 고민 없이 쉽게 선택한 결정은 역사적으로 크나큰 비극을 초래해왔습니다. 아렌트의 말처럼, 진정한 악은 극단적인 악인에게서 비롯되는 것이 아니라 '생각하지 않음'에 존재하는 경우가 많습니다.

우리는 아이들이 자라서 세상의 복잡성을 이해하고, 타인의 아픔에 공감하고, 스스로 깊이 생각하고 질문하는 사람이 되길 바랍니다. 생각하는 힘이 민주주의의 뿌리이자 평범한 악을 막는 강력한 무기가 됩니다. 그리고 이 생각하는 힘은 끝없는 대화와 토론을 통해 길러질 수 있습니다. 깊은 사고를 하는 습관은 하루아침에 만들어지지 않습니다. 지속적인 대화와 토론 속에서 천천히 뿌리를 내리고 자라납니다. 아이들이 이런 능력을 기를 수 있도록 돕는 것이 지금 우리가 해줄 수 있는 가장 큰 선물입니다. 대화와 토론을 통해 아이들은 세상의 복잡성을 품을 수 있는 지혜와 민주적인 시민성을 배우게 될 것입니다.

부모로서 우리가 할 일은 아이들과의 대화 속에서 끊임없이 질문하고 고민하며, 어지러운 현실을 있는 그대로 마주하는 것입니다. 이 세상의 골치 아픈 문제들, 답을 찾지 못한 과제들에 대해 함께 이야기하며 아이들이 세상을 더 넓게 더 깊게 바라볼 수 있도록 이끌어주세요. 그렇게 악의 평범성은 설 자리를 잃게 될 것입니다.

마치며

    토론, 공감, 이해 모두 중요합니다. 그러나 동시에 선을 확실히 그어주어야 하는 곳이 있습니다. 틀린 건 틀렸다고 가르쳐야 합니다. 바로 폭력과 혐오, 법치 부정입니다. 극단주의는 누군가를 미워하라고 가르칩니다. 폭력을 사용해도 괜찮다고 말합니다. 이런 극단주의 유튜버들이 아이들의 롤 모델로 자리해서는 안 됩니다. 그렇다고 오늘날 유튜브 자체를 금지할 수는 없습니다. 스스로 걸러낼 수 있는 필터를 만들어주어야 합니다. 그리고 이 필터는 건강한 사회를 짓는 방법에 관해 함께 고민할 때 서서히 모양을 갖춰나갑니다.

    극단주의에 빠진 청소년들이 사실 막 누군가를 진심으로 혐오하는 마음이 강하지는 않습니다. 정치에 대해 이야기하면서도 아주 깊이 있게 알지는 못합니다. 아이들에게는 일종의 놀이문화인 것이지요. 이 놀이가 재미있는 이유는 자기를 기분

좋게 해주고, 권력관계의 우위에 서 있는 듯 느끼게 해주고, 자기 소속감을 뚜렷하게 해주기 때문입니다. 이 놀이의 과정에서 아이들은 혐오적인 생각과 언어를 반복적으로 접하며 학습해 갑니다.

저는 극단주의에 빠진 청소년들이 '예비 난동자'라고 생각하지 않습니다. 아이들은 아직 세상을 배워가는 중입니다. 여러 경험을 쌓으며 세계를 알아가고, 학교와 가정에서의 교육을 통해 시민으로 성장합니다. 이 아이들을 서부지법 폭도들과 같은 잠재적 범죄자로 보는 것은 그 어떤 도움도 희망도 되지 않습니다. 우리는 아이들이 '성장하는 과정'에 있음을 이해해야 합니다. 그래야 호의적인 관계를 맺고 긍정적인 영향을 주고받을 수 있습니다.

청소년기는 매우 중요한 시기입니다. 아직 가치관과 정체성을 만들어가는 말랑말랑한 나이대입니다. 그래서 가장 치열하게 고민하고, 토론하고, 탐색해야 하는 시간입니다. 그러나 이 시기에 우리나라 아이들은 입시에 매몰됩니다. 제대로 된 가치관, 건강한 시민성에 관해 고민할 시간이 일절 주어지지 않습니다. 오히려 입시제도 안에서 건강하지 않은 가치관과 비민주적 사고가 자라게 됩니다. 남과 비교하고, 경쟁에서 이기고 싶어하는 가운데 알게 모르게 사회를 계급화하게 됩니다. 이 소중한 청소년기를 문제집에 빠져 정답 맞히기에만 매몰된 채 보내지 않도록, 입시 스트레스로 인한 우울감과 폭력성에 휘말린 채 보내지 않도록 입시와 교육제도를 바꿔나갈 필요가 있습니다. 미래의 건강한 민주주의를 위해 한국사회는 청소년기를 더 귀중하게 여겨야 합니다. 건강한 성인기로 들어갈 수 있도록 모든 사회 구성원들이 머리를 맞대야 합니다.

언론에 저의 페이스북 글이 보도된 이후, 어떤 이들은 제가 아이를 지나치게 통제하는 부모라고 지적하기도 했습니다. 하지만 실제로 저를 아는 사람들은 방임형에 가깝다고 합니다. 학습지나 조기교육 없이 어릴 때부터 매일 함께 음악회, 미술관, 바다와 산을 '놀러' 다녔습니다. 대학원 수업에서도 피피티를 사용하지 않습니다. 영화 「죽은 시인들의 사회」의 수업처럼 제 학생들은 매주 모여서 자유롭게 그리고 열정적으로 토론합니다.

물건을 강매하는 것은 가장 쉬운 방법입니다. 하지만 동시에 가장 안 좋은 방법입니다. 반대로, 손님들이 물건을 사고 싶게 만드는 것은 어렵습니다. 물건을 파는 상인이 매우 창의적

이어야 하고 그만큼 많은 고민과 준비를 해야 합니다. 교육도 마찬가지입니다. 강제로 지식을 주입하는 것은 쉬운 방법이지만 좋은 방법이 아닙니다. 아이들이 스스로 깨닫게 하고, 지식을 손수 찾게 하고, 공부를 좋아하게 만들려면 부모나 교사가 물밑으로 끝없이 궁리하고 준비해야 합니다. 겉으로 보기엔 방임 같지만 실은 훨씬 더 치열하게 고민하고 있는 것입니다.

그중 가정에서 할 수 있는 가장 좋은 방법이 바로 토론입니다. 아이들과의 토론은 곧 대화입니다. 대화는 함께 참여하는 것입니다. 일방적으로 부모만 말하면 아이의 반항심만 불러일으킵니다. 저는 아이들과 평소 '아무것이나 다' 이야기합니다. 귀여운 고양이 쇼츠, 아이돌 콘서트 표 예매 계획, 새로운 교황의 오래전 여자친구, 집 근처 새로 생긴 고기 뷔페 등등에 대해 말하다보면 학교에서 있었던 일도 듣게 되고, 친구의 친구의 친구 고민까지도 전해 듣게 됩니다. 최근에는 계엄 사태에 대한 아이의 생각과 민주시민의 가치에 관해서도 자연스럽게 이야기했지요. 대화의 내용도 중요하지만, 무엇보다 그 바탕에 사랑과 신뢰의 관계를 쌓는 것이 중요합니다. 뭐든 다 이야기 나눌 수 있는 사랑과 신뢰의 관계 안에서 아이들은 민주시민으로 소통하는 방법을 배웁니다.

아이가 극단주의에 빠졌다고 해서 그것이 부모님 탓은 아닙니다. 자책하지 않으셨으면 합니다. 다만 우리 아이의 미래를 위해서, 처음 몇번의 대화 시도가 잘되지 않더라도 포기하거나 절망하지 말고 한결같은 따뜻함으로 노력하는 모습을 보여주시기 바랍니다. 생각할 줄 아는 민주시민의 모범을 물려주시기 바랍니다. 그러면 지금 당장은 아니더라도 분명 깨닫는 날이 올 것입니다. 아이들은 지금 이 순간에도 부모님에게 영향을 받고 있고, 어른들의 이야기를 안 듣는 척 다 듣고 있거든요. 아이들과 싸우지 마시고, 하지만 포기하지도 마시고, 끝까지 훌륭한 시민으로 길러내었으면 좋겠습니다.

묻고 답하기

혐오와 극단주의를 몰아낼
건강한 대화법 7계명

1. 일단 들어보자.

2. 이해와 공감을 말로 표현하자.

3. 우리 주변의 이야기로 연결해보자.

4. 새로운 정보는 서서히 소개하자.

5. '나도 모른다'고 말하기를 두려워하지 말자.

6. 상대의 관심사를 포착하자.

7. 생각을 되돌아볼 시간을 주자.

혐오와 극단주의를 몰아낼
건강한 대화법 7계명

1. 일단 들어보자.
어떤 생각을 하는지 궁금해하는 열린 마음으로
상대가 충분히 말할 수 있도록 들어주세요.

2. 이해와 공감을 말로 표현하자.
"그래, 네 입장에서는 그럴 수도 있겠다"라고 말해주세요.
이해받고 있다고 느낄 때 사람들은 심리적 방어막을 낮춥니다.

3. 우리 주변의 이야기로 연결해보자.
상대의 편견 어린 주장을 가까운 인물 또는 사례와 연결해주세요. 가족이나
친구가 겪을 수 있는 일임을 떠올린다면 상대의 태도가 한결 누그러질 거예요.

4. 새로운 정보는 서서히 소개하자.
먼저 공감해주며 상대가 존중받는다고 느끼게 한 다음에
천천히 사실관계를 전달하면 수용도와 이해도가 높아집니다.

5. '나도 모른다'고 말하기를 두려워하지 말자.
모르는 이야기가 나와도 당황하지 마세요. 애써 답을 꾸며내기보다
"나도 잘은 몰라. 같이 찾아볼까?"라는 태도가 더 바람직합니다.

6. 상대의 관심사를 포착하자.
관심 가는 주제는 그만큼 감정이입과 공감의 여지가 넓습니다.
상대의 관심사를 놓치지 말고 대화의 기회로 삼아보세요.

7. 생각을 되돌아볼 시간을 주자.
생각을 바꾸려면 시간이 필요합니다. 의견을 강요하지 말고
상대가 자신의 생각을 되돌아볼 수 있도록 잠시 기다려주세요.

『극우 유튜브에서 아들을 구출해 왔다』 권정민

막상 아이와 토론이나 대화를 해보려 하면, 어떤 질문을 해야 할지부터 막막해지곤 합니다. 교수님은 아이와 토론할 때 실제로 어떤 질문들을 주고받으셨는지 궁금합니다.

아이와 양질의 토론을 하기 위해서는 양질의 질문이 무엇보다 중요합니다. 좋은 질문은 사회 현상에 대한 시야를 틔워주고 문제의 본질로 들어갈 수 있게끔 안내해주는 역할을 하지요. 물론 '좋은 질문이란 무엇인가'에도 정해진 답은 없습니다. 대화가 이루어지는 맥락 안에서 자연스럽게 떠올라야 합니다. 다음은 주제별로 제가 아이와 토론하며 나누어본 질문 목록입니다. 부모님들께 작은 도움이라도 될 수 있기를 바랍니다.

여성

— 사람들이 '여자답다' '남자답다'고 할 때 이 말은 무엇을 의미할까? 여자다워야해서 혹은 남자다워야해서 힘들었던 적이 있어? 그랬다면, 왜 힘들었어?

— 왜 많은 회사에서 여전히 여성이 남성보다 높은 직급에

오르기 어려운 걸까?

—여성과 남성은 정말로 동등하게 대우받고 있을까? 어떤 점에서 그렇고, 어떤 점에서 그렇지 않을까?

장애

—장애가 있다는 이유만으로 좋아하는 일을 하지 못한다면 기분이 어떨 것 같아? 왜 그 일을 할 수 없는 걸까? 장애인도 자신이 좋아하는 일을 할 수 있게 하려면 우리 사회가 무엇을 해야 할까?

—다르게 생겼거나 말투가 특이하다는 이유로 학교에서 아무도 나에게 말을 걸지 않으면 기분이 어떨까? 장애를 가진 친구가 소외되는 문제를 어떻게 해결할 수 있을까?

—어른이 되어서도 마음대로 이동할 수 없다면 어떨까? 버스나 지하철을 탈 수 없고, 계단도 이용할 수 없고, 공중화장실도 이용하기 어렵다면? '장애는 사회적으로 만들어진다'는 말은 무슨 뜻일까?

노인과 아동

— 어렸을 적 어떤 일을 할 때 가장 어려움을 느꼈어? 반대로 노인이 되면 삶에서 어떤 부분이 가장 힘들까?
— 왜 사람들은 아이들이나 노인을 사회적 약자로 여기는 걸까? 아이들과 노인들이 겪는 어려움을 어떻게 해결할 수 있을까?
— 왜 나이가 들수록 외롭다고 느끼는 분들이 많은 걸까? 어떻게 하면 이 외로움을 덜어드릴 수 있을까?

인종

— 사람들은 왜 피부색이나 생김새가 다른 이를 차별하는 걸까? 그런 생각은 어디서부터 시작되었을까?
— 다른 나라에 가서 나의 피부색이나 외모 때문에 차별받으면 어떤 기분이 들 것 같아?
— 인종차별이 왜 잘못된 것인지 친구에게 설명하려면 어떻게 말할 수 있을까? 친구들이 인종차별적인 말을 할 때 나는 뭐라고 답하면 좋을까?

빈곤

―사람들이 가난해지는 이유는 무엇일까? 가난해지면 그 사람의 삶에는 어떤 변화가 일어날까? 특히 건강과 교육에는 어떤 영향을 미칠까?

―가난에서 벗어나기 어려운 이유는 무엇일까? 가난은 왜 대물림되는 경우가 많을까?

―가난한 사람이 가장 필요로 하는 것은 무엇일까? 나는 그 사람을 어떻게 도울 수 있을까?

극단주의적 사고를 예방하기 위해 아이와 함께 보면 좋을 콘텐츠나 자료를 추천해주세요.

제가 자주 활용한 교육 방법 중에는 역사적으로 훌륭하다고 평가되는 사람들은 어떻게 살았는지 아이와 함께 알아보고 이야기하는 활동도 있었습니다. 위인전 책은 아무래도 다소 딱딱하고 재미가 없어서 만화책을 선호했고요. 위인들의 삶을 그린 만화책 시리즈를 아이들 어렸을 때부터 함께 읽으며 위인들의 삶에 관해 대화를 나눴습니다. 아이들에게 위인전 읽기는 성인들이 처세서를 읽는 것과 비슷한 효과를 냅니다. '성공하고 행복한 삶을 일구어낸 사람들에게는 어떤 공통점이 있을까?'라는 질문에 대해 역사적 발자취로서 그 답을 내놓는 위인들의 전기는 아이들에게 자신의 삶을 바라보는 관점을 넓혀주는 동시에 따라 배울 만한 모범이 되어주니까요.

저 역시 위인들의 부모와 선생님들이 아이들을 어떻게 가르쳤는지를 유심히 살펴보고 배웠습니다. 위인들의 인생 여정을 살펴보면 항상 행복하기만 했던 사람도, 항상 성공적이기만 했던 사람도 없습니다. 하지만 그들은 삶의 중요한 순간에 현명한 선택을 내렸습니다. 그리고 그 곁에는 언제나 적어도 한 명의, 그를 신뢰해주고 지지해주는 어른이 있었습니다.

    세상은 계속 변할 것이고, 상황과 시기에 따라 어느 쪽이 현명한 선택인지 무엇을 가르치는 것이 옳은 것인지 확신하지 못할 기로를 마주할 것입니다. 그럴 때에 잠시 생각을 가다듬고 훌륭한 사람들은 어떤 선택을 했는지 돌아본다면 조금은 도움이 됩니다.

극단주의적인 사상과 콘텐츠의 어떤 점이 아이들을 끌어들이는 것일까요?

'솔직함'으로 위장된 자극적인 혐오가 아이들의 이목을 끈다고 생각합니다. '솔직히 말해서'라고 시작해 타자에 대한 편견을 조장하는 극우 유튜버들의 주장이 아이들에게 문자 그대로 '솔직하게', 그렇기에 멋지고 재미있는 것으로 전달되는 것이지요.

반대로 사회적 가치를 이야기하고, 타인에 대한 존중과 배려를 중시하는 태도는 '위선'으로 여겨집니다. 민주주의와 진보 정치를 외치면서도 자기 자녀에게는 입시 전쟁에서 남을 이기도록 가르치는 정치인들에 대해 분노합니다. 겉으로는 도덕적인 말을 늘어놓으며 뒤로는 약자를 착취하는 행태에 대해 비판합니다. 기성세대가 반성할 점이 분명히 있습니다. 하지만 그렇다고 마음에 있는 모든 생각을 거침없이 말하고 행동하는 것이 더 나은 대안이 될 수는 없습니다.

지난 대선 기간에 이루어진 TV 토론에서 한 후보가 여성 혐오 표현을 여과 없이 뱉어 공분을 샀습니다. 기성세대에게 이것은 분노할 일이었지만, 적지 않은 청소년과 청년에게 그는 '영웅'으로 떠올랐습니다. '솔직하게' 이야기했기에 '멋있는 남자'로 추앙되었습니다. 그러나 이런 방식의 '솔직함'은 궁극적으로 인간의 이기적이고 악한 민낯만을 보여줄 뿐입니다.

탄핵 정국 당시 집회에 나갔을 때, 밖에서는 서로 죽일 듯 싸우던 양쪽 진영의 집회 참가자들이 막상 지하철을 타니까 각자 응원봉과 태극기를 가방 속에 숨기는 모습을 본 적이 있습니다. 모두 자기의 마음을 어느정도 숨기면서 서로 예의를 갖추고 행동하는 모습을 보며 저는 떠올렸습니다. '우리는 이렇게 서로의 속마음을 모른 채, 누가 어떤 생각을 하는지 모른 채 함께 살아왔구나.' 하지만 동시에 '우리가 솔직하게 다 드러내놓고 행동하지 않아서 다행이다. 그래서 이 사회가 유지되는구나.'라는 생각도 들었습니다. 이게 민주주의입니다.

우리가 행복한 삶을 영위하려면 민주주의가 유지되어야 하고, 민주주의를 유지하기 위해서 우리는 자신의 감정과 생각을 다 드러내지는 않은 채, 적절히 절제하고 예의를 갖추며 다른 사람의 권리와 인격을 침해하지 않으려고 노력해야 합니다.

물론 솔직하게 마음 가는 대로 사는 게 더 쉬운 길입니다. 화가 나면 닥치는 대로 표출하고, 미워하는 이들에 대해 큰소리로 욕하고 비하하는 것을 누가 못해서 안 할까요?

민주주의는 본래 '솔직하지 않고' '부자연스러운' 제도입니다. 존중과 배려는 인간의 본능에 있는 덕목이 아닙니다. 하지만 우리가 모여 사는 이 사회를 지키고, 그 안에서 다 같이 행복해지려면 본능대로 살아서는 안 됩니다. 존중, 절제, 배려, 관용. 솔직함은 이러한 민주적 덕목과 함께 어우러질 때 비로소 매력이 될 수 있다고, 그저 '솔직하기만' 한 언행은 이기주의적인 혐오와 다름없다고 아이들에게 선을 그어주어야 합니다.

극우 유튜브에서 구출해 온 뒤에 아이가 다시 극단주의적 사상에 빠지지 않도록 어떤 예방 조치들을 행하고 계신지 궁금합니다.

여전히 매일 다양한 사안들에 관해 아이들과 이야기하고 토론하려고 합니다. 극단주의적 사상에서 일단 빠져나왔다고 해도 주변 환경의 영향을 받아 언제든 다시 빠져들 수 있으니까요. 단지 이번 한번에 그치지 않고, 스스로 생각해보는 것 그리고 대화와 토론을 나누는 것이 아이의 삶의 방식으로 자리 잡을 수 있도록 계속해서 이야기를 주고받습니다.

그러려면 역시 아이가 말을 걸며 다가오는 순간을 놓쳐선 안 됩니다. 최근에는 아들이 제게 이렇게 물어왔어요. "학교에서 장애인 친구에게 아무도 말을 안 걸어. 왜냐하면 그 아이에게 말을 거는 순간 다른 친구들이 바로 와서 '너 왜 쟤랑 얘기하냐? 너도 장애냐?'라고 하거든. 장애를 가진 그 아이는 밥도 늘 혼자 먹어. 나는 옆에 가서 같이 밥도 먹고 이야기도 나누고 싶은데…. 이럴 때는 어떻게 해야 하지?"

아들의 질문에 저는 먼저 당사자의 마음을 헤아려보는 것으로 대화를 시작했습니다. 타고난 특성 때문에 친구들이 자신과 말도 안 섞고 인사도 안 하고 밥도 같이 안 먹으면 기분이 어떨지 생각해보자고요. 그리고 점차 질문을 확장해나갔습니다. 친구들이 왜 그렇게 행동하는 것일지, 내가 친구들 사이에서 느끼는 사회적 압력은 무엇이고 왜 그런 압력을 느끼는지, 그럼에도 어떻게 행동하는 것이 올바른 선택인지, 그러기 위해서는 어떤 마음가짐이 필요하며 나의 행동이 학교 구성원에 미칠 영향은 무엇일지 등에 대해 이야기를 쭉 이어나갔습니다. 아이가 자신의 사회적 고민을 직접 파고들어 생각해보게끔 길을 열어주는 방식으로요. 질문할 줄 알고 스스로 생각할 줄 아는 아이는 길을 잃지 않습니다.

때로는 '인간은 완벽하게 객관적일 수 있는가?'와 같이 철학적인 질문을 던지며 토론하기도 합니다. 사실 이 질문은 대부분의 사회적 문제와 연결됩니다. 예를 들어 정치인들이 편향된 주장을 하면서 자신의 관점이 마치 사회적 기준인 것처럼 말할 때 우리는 "왜 인간은 편향적인데 스스로 객관적이라고 착각할까?"에 대해 묻곤 했습니다. 객관성이라는 것이 무엇일지, 우리는 왜 객관성을 선하다고 여기는지, 완전한 객관성은 성취될 수 있는지, 완전히 객관적일 수 없다면 객관적이기를 포기해야 하는지, 객관적인 관점이 중요한 이유가 무엇일지 등등 생활적인 차원에서 한걸음 뒤로 물러나 철학적으로 고찰해야 하는 질문을 던지고 대화했습니다. 아이에게도 저에게도 쉽지만은 않은 질문이지만, 그렇기에 더욱 '답을 찾아야 한다'는 강박에 구애받지 않고 서로의 생각을 편하게 이야기해보았지요. 이러한 철학적 고찰은 극단주의를 예방하는 데에 중요한 생각 자원이 됩니다.

최근 20대 남성의 보수화 경향이 주목되고 있는데요, 혹시 10대 청소년 남학생들도 비슷한 정치 성향을 보이고 있을까요?

    오늘날 10대 청소년들이 정당정치에 진지하게 관심을 가지고 행동하는 것은 아니라고 생각합니다. 이들에게는 정치적 동기보다 또래집단과 온라인 문화의 영향력이 더 큽니다.

    다만, 10대 남학생들과 20대 남성들 사이의 공통점을 하나 꼽자면 젠더 문제에 대한 인식이 아닐까 합니다. 이들은 군 의무 복무, 부모세대에 비해 턱없이 부족해진 양질의 일자리와 과열된 경쟁문화 등을 논하며 자신들이 사회적으로 역차별을 받고 있다는 믿음을 가집니다. 이 믿음은 매일 똑같은 또래집단을 만나는 학교와 온라인 남초 커뮤니티라는 비교적 제한된 사회생활을 통해 강화되고, 이 안에서 자신들이 차별의 대상이라고 생각하며 분노와 피해의식을 키우게 됩니다. 이러한 '젠더 역차별' 인식이 밑바닥에 깔린 채 성인기로 접어들면서 보수적 정치 성향을 형성하는 것이지요.

'남자가 역차별받고 있다'고 생각하는 청소년들에게는 사회의 구조적 모순을 읽어낼 수 있도록 시야를 넓혀주는 접근이 필요합니다. 단지 '남자만 군대 가니까 역차별이다' '남자들도 먹고살기 힘들다'며 남녀를 가르는 이분법적인 관점으로 현상을 이해할 것이 아니라 "우리나라 남자들은 왜 의무적으로 군대에 가야 할까? 무엇 때문에 언제부터 이랬던 걸까?" "요즘 취업이 힘든 이유는 무엇일까? 왜 다들 먹고살기 힘든 걸까?"와 같이 사회 전체의 구조적 불균형에 관해 질문을 던질 수 있도록 사고의 방향을 바꿔줘야 합니다.

성차별에 관한 이야기를 아이와 진솔하게 나눈다는 게 쉬운 일은 아닙니다. 하지만 그렇기에 더 적극적으로 '불편한' 이야기를 해야 합니다. 이야기하지 않으면 아이들의 젠더 인식은 유튜브나 온라인 커뮤니티의 편향된 관점을 그대로 답습할 테니까요.

일단 아이들이 불만과 소외감을 느낀다면 이를 공감하고 인정해주고, 이후 자연스럽게 논점을 확장해 역차별의 본질이 '남성 대 여성'의 단순한 문제가 아니라 사회 전체의 구조적 과제라는 점을 이해하게 해주세요. "엄마는 이런 차별을 겪어보았어" "그때는 그 사람 개인의 잘못이라고 생각했는데, 나중에 다시 생각해보니 우리나라 제도에 미흡한 점이 있던 것이더라고"라며 부모님의 경험담을 공유하는 것도 좋은 방법입니다. 한번의 대화로 끝나지 않을 수 있습니다. 가장 중요한 점은 부모님의 생각을 강요하지 마시고 자녀가 자신의 생각이나 가정을 직접 되돌아볼 수 있도록 인내하고 기다리며 대화하는 것입니다.

극단주의에 깊게 빠졌다가 벗어난 사람들의 사례가 있다면 소개해주실 수 있나요? 그들이 경험한 사고의 전환점이나 계기는 무엇이었을지 궁금합니다.

미국의 진보적 계간지 『자코뱅』(*Jacobin*)에 기고된 대학원생 저스틴 브라운-램지(Justin Brown-Ramsey)의 사연을 소개하고 싶습니다.

저스틴은 평범한 대학생이었습니다. 어느날 부모님의 이혼으로 저스틴은 충격과 혼란에 빠집니다. 그때 그의 마음을 사로잡은 인물이 있었으니 바로 조던 피터슨이었습니다. 유튜브에서 우연히 본 피터슨의 강연은 저스틴의 마음을 사로잡았습니다. 피터슨은 따뜻하면서도 강한 아버지처럼 느껴졌고 저스틴의 마음을 정확히 이해해주는 듯했습니다.

저스틴은 피터슨의 강연을 들으며 그가 비판하던 정치적 올바름(political correctness)이나 깨어있음(wokeness)을 적대시하게 되었습니다. 온종일 유튜브에서 '좌파 페미니스트 참교육하기' '사회정의 전사 무너뜨리기' 같은 영상을 시청하며 자신도 언젠가 멋지게 논쟁에서 승리하는 날을 꿈꿨습니다. 마침내 그 기회가 왔습니다. 대학교 수업 중에 한 트랜스젠더 학생이 발언하자 저스틴은 곧바로 손을 들고 공격을 시작했습니다. 저스틴은 일부러 그 사람이 원하는 호칭을 무시하며 "이 친구가 아무리 남자라고 우겨도, 생물학적으로 여자다"라면서 끈질기게 논쟁을 벌였습니다. 그는 그날 논쟁에서 이겼다고 생각했습니다.

이후에도 저스틴은 온라인 공간에서 비슷한 행동을 계속했습니다. 미투운동을 지지하는 사람들에게 악플을 달고, 사회적 약자들에게는 "자기 힘으로 살아야 한다"며 비아냥거렸습니다. 주변 사람들은 하나둘 그를 멀리하기 시작했습니다. 저스틴은 자신을 피해자라고 여겼습니다.

그러던 어느날, 저스틴은 대학에서 흑인고전문학 수업을 듣게 되었습니다. 이 수업의 가장 큰 특징은 문학 텍스트를 읽은 학생들에게 그 텍스트의 내용 및 저자와 학생 자신의 지위를 비교하여 성찰해보게 한다는 점이었습니다. 문학작품만을 살펴보는 것이 아니라 작품을 통해 자기 자신을 되돌아보게끔 하기에 다소 불편한 감정을 느끼게도 하는 수업이었지요. 수업은 한걸음 더 나아가서 작품이 쓰인 시기와 지금 현재의 시대상 및 제도적 현실에 대해서도 비교해보도록 했습니다. 단순히 어떤 사회 현상을 피상적으로만 받아들이는 것이 아니라, 그것을 둘러싼 환경적 맥락과 사회상을 파악하게 하고 이에 자기 자신을 대입해보게 함으로써 좁은 개인적 견해에서 벗어나 공동체적 관점으로 사안을 바라볼 것을 주문했습니다.

이 수업 시간에 읽게 된 『미국 노예, 프레더릭 더글라스의 삶에 관한 이야기』는 저스틴에게 큰 충격을 안겼습니다. 책을 읽고 토론하면서 그는 태어나자마자 노예가 되어 끔찍한 억압과 고통 속에 살았던 더글라스의 생생한 목소리를 마주했습니다. 교수님은 학생들에게 지금 읽고 있는 이 사람의 아픔과 억압에 공감할 수 있느냐고 날카롭게 물었습니다. 저스틴은 늘 피해자라고 생각했던 자신이, 사실은 다른 이들을 향한 억압과 차별에 동조하는 가해자였다는 것을 이 수업을 통해 깨달았다고 회고합니다. 지금껏 자신이 영웅적이라 생각했던 행동들이 사실은 굉장히 잔인하고 무지한 것이었다는 걸 깨닫게 되자 한없이 부끄러워졌다고 했지요.

이 수업을 계기로 그는 피터슨의 주장만 맹목적으로 시청하고 따르던 태도에서 벗어나 철학자 코넬 웨스트, 역사학자 카를로 긴즈부르그 등 진보적인 학자들의 콘텐츠도 접하기 시작했습니다. 유튜브 알고리즘도 점점 다양한 영상을 추천해주었고요. 따뜻하고 열정적으로 약자들의 아픔을 공감하며 현실 참여를 강조하는 이들의 말을 접하면서 저스틴은 세상을 다시 보게 되었고, 개인주의와 차별이 아니라 연대와 공감이 삶의 핵심 가치여야 한다고 생각하게 되었습니다. 이후 그는 노동자의 권리를 위해 싸우는 단체에 가입하고, 대학원에 진학하고서도 노동조합에 참여했습니다. 과거 자신이 혐오하던 진보적이고 진취적인 삶을 살기 시작한 것입니다.

저스틴이 극단주의에서 벗어나는 과정은 여러 사건이 모인 길고 험난한 여정이었습니다. 하지만 그 여정에서 가장 결정적인 역할을 한 것은 바로 타인의 삶과 목소리에 귀를 기울이고 공감할 수 있게 해준 '제대로 된 교육'이었다는 점을 기억해야겠습니다.

사회적으로 극단주의가 득세하는 동시에 학교 및 언론 등 공적인 장에서의 '중립'을 요구하는 목소리도 커지고 있습니다. 중립에 대해 어떻게 가르치고 접근해야 한다고 보시나요?

우리는 학교나 언론 같은 공적 공간에서 '중립'을 지켜야 한다는 이야기를 종종 듣습니다. 무엇이 중립일까요? 중립의 개념은 생각보다 훨씬 복잡합니다.

교육에서 말하는 중립은 단순히 양쪽 의견을 똑같이 나열하는 기계적인 균형이 아닙니다. 모든 의견을 동등하게 취급하는 것도 아닙니다. 이렇게 하면 소수의 잘못된 주장에 과도한 힘을 실어줄 수 있고 이에 따라 진실이 왜곡될 수 있습니다. 진정한 중립이란 '비판적이고 공정한 판단력'을 바탕으로 합니다. 사실과 증거를 철저히 검토한 뒤 판단하는 것이지요. 예를 들어 혐오나 차별적 발언을 '하나의 의견'이라며 똑같이 다루는 것은 중립이 아닙니다. 이는 오히려 무책임입니다. 사실과 윤리적 가치를 분명히 밝히고, 각 주장에 관해 비판적으로 설명할 수 있어야 진정한 중립이고 객관성입니다.

언론도 마찬가지입니다. 언론이 모든 주장을 같은 무게로 다루는 건 중립이라 할 수 없습니다. 중립적인 언론은 사실에 기반해 진실을 전달해야 합니다. 극단적 주장과 합리적 주장을 같은 무게로 다루는 것은 오히려 진실을 곡해합니다. 학교에서도 학생들이 의견을 단지 나열만 하는 게 아니라 사실관계에 기반해 분석하고 비판적으로 생각하도록 가르쳐야 합니다. 학생들은 어떤 주장에 숨겨진 전제와 논리를 평가하는 법을 배워야 합니다. 블룸의 교육목표분류법에 나오는 '평가'가 바로 이 활동이지요.

중립은 기계적 균형이 아니라, 정직하고 책임 있게 사실을 파악하고 판단하는 능력입니다. '비판적 중립'이 존재해야 극단주의를 막고 건강한 시민사회를 만들 수 있습니다. 이것이야말로 책임 있는 태도로 윤리적 가치를 지켜나가는 자세입니다. 기계적 중립 뒤에 숨지 않으시기를 바랍니다.

기억하고 싶은 문장

우리 아이들을 극단주의와 파시즘으로부터 보호해야 한다.

    이번 폭동과 같은 일들이 다시는 일어나지 않아야 한다. 나는 그런 세상을 내 아이들에게 물려주고 싶지 않다. 이미 늦은 감이 있다. 하지만 지금이라도 우리는 무엇인가를 해야 한다. 지금 당장 우리의 아이들을 점검해보고, 아이들이 유튜브에서 무엇을 보는지 이야기하자. 아이들을 건전하고 상식적이고 민주적인 시민이 되도록 이끌어주어야 한다. 이것은 지금 우리의 책임이다.

우리 아이들을 극단주의와 파시즘으로부터 보호해야 한다.

목적은 오직 하나,
부모로서 아이들이 행복하게 살기를 바라는 것입니다.

　우리는 왜 이런 고민을 해야 할까요? 교과서와 문제집을 달달 외우고 시험에서 아무리 좋은 점수를 받는다 해도, 남을 혐오하고 무시하며 산다면 그 삶은 결국 불행으로 이어집니다. 우리는 자녀들에게 정치적 좌우를 정해주고자 하는 것이 아닙니다. 우리 아이들에게 행복하게 사는 지혜를 가르쳐주고 싶은 것입니다. 사랑하니까요.

목적은 오직 하나,
부모로서 아이들이 행복하게 살기를 바라는 것입니다.

때로는 넘어서는 안 되는 선이 있습니다.
바로 '혐오'와 '배제' 입니다.

    극단주의적 생각을 갖게 되면 특정 집단에 대한 혐오를 자주 드러냅니다. 그런데 정작 부모님들은 여성, 성소수자, 장애인 등 사회적 약자에 대한 혐오 문제로 아이들과 이야기하는 것을 불편해하거나 기피합니다. 부모님들이 망설이는 것과는 달리, 실제로는 아이들과 혐오에 관해 허심탄회하게 이야기 나누는 경험이 필요합니다. 혐오는 옳지 않은 것이라는 확실한 가치관을 심어주어야 합니다.

때로는 넘어서는 안 되는 선이 있습니다.
바로 "혐오"와 "배제" 입니다.

민주주의는 하루아침에 이루어지지 않습니다.

　　민주주의를 우리 삶 속에 내재화하려면 지속적인 연습이 필요합니다. 가장 좋은 연습 방법이 바로 대화와 토론입니다. 토론이라는 행위 자체가 민주주의적 태도를 훈련하는 과정이지요. 남의 의견을 경청하고 존중하며, 의견이 달라도 배척하지 않고 차이를 인정하면서 공동의 이해를 찾는 것. 나아가 정답이 없는 문제에 대해 서로 다른 의견을 가진 사람들과 끊임없이 대화하며 공존과 합의를 이루어나가는 과정. 이것이 바로 민주주의 라이프스타일입니다.

민주주의는 하루아침에 이루어지지 않습니다.

변화는 거대한 사건에서 비롯되는 것이 아니라,
매일 나누는 작은 대화와 질문에서 출발합니다.

　사회의 문제를 비판하고 질문하고 고민하는 방법을 아이들에게 가르쳐주어야 합니다. 집에서 아이와 나누는 작은 대화들이 멀리 보면 아이를 더 크게 성장시키고, 마침내는 우리 사회 전체를 건강하게 만들 수 있습니다. "너의 생각은 무엇이니?" "세상에서 어떤 일이 일어나면 좋겠니?"와 같이 열린 질문을 자꾸자꾸 던져보세요. 아이의 대답을 일방적으로 '맞았다/틀렸다' 혹은 '잘했다/못했다'로 평가하지 말고, 서로 문답을 주고받으며 대화를 이어가세요. 우리의 작은 토론들이 모일 때, 이 사회도 변할 것입니다.

변화는 거대한 사건에서 비롯되는 것이 아니라, 매일 나누는 작은 대화와 질문에서 출발합니다.

교양100그램 8
극우 유튜브에서 아들을 구출해 왔다

초판 1쇄 발행 / 2025년 7월 11일

지은이 / 권정민
펴낸이 / 염종선
책임편집 / 하빛
조판 / 신혜원
펴낸곳 / (주)창비
등록 / 1986년 8월 5일 제85호
주소 / 10881 경기도 파주시 회동길 184
전화 / 031-955-3333
팩시밀리 / 영업 031-955-3399 편집 031-955-3400
홈페이지 / www.changbi.com
전자우편 / human@changbi.com

ⓒ 권정민 2025
ISBN 978-89-364-8084-4 03300

* 이 책 내용의 전부 또는 일부를 재사용하려면
  반드시 저작권자와 창비 양측의 동의를 받아야 합니다.
* 책값은 뒤표지에 표시되어 있습니다.